リック式「右脳」メソッド

ヤバいくらい覚えられる
速習の英単語1500

実践編

リック西尾

リーディング

1回読み通したらワンチェック

1	2	3	4
9	10	11	12
17	18	19	20
25	26	27	28
33	34	35	36

チェックシート

さあ40回のリーディングに挑戦!!

5	6	7	8
13	14	15	16
21	22	23	24
29	30	31	32
37	38	39	40

リックメソッドとは

従来の英語学習の問題点

ヒアリングを十分に行ってこなかった

　私たちの幼い頃を考えてみてください。私たちは何不自由なく日本語をマスターしていますが、生まれたときから日本語のテキストを見せられて、日本語を学習してきたわけではありません。日常生活の中で親が語る言葉やテレビから流れてくる言葉から、日本語を習得してきたのです。つまり日本語習得の基本は、耳によるヒアリングからなのです。

　一方、私たちの学校における英語の学習方法を考えてみますと、テキストを使った目によるリーディングが中心の学習になってしまっています。そのために脳に英語の

音声を認識する神経回路が形成されないままに、英語学習を続けてきたことになります。「何を言っているのかさっぱり英語が聞き取れない」と嘆く日本人が大半ですが、ただ私たちは英語のヒアリングを十分に行ってこなかっただけなのです。

　また、耳で英語の音声を学ばなければ、当然英語をきれいに発音することもできません。自信のない英語の発音では、英語学習の習得の大きなブレーキになってしまいます。

英語を日本語に翻訳して学習してきた

　日本の学校における英語学習は、英語を日本語に翻訳することが中心になっています。そのために、私たちは英語を理解するのに、いちいち英語を日本語に翻訳してからでないと、その英語の意味を理解することができません。また英語を話すのに、一度日本語で考えたことを英語に翻訳してからでないと、その英語を話せなくなってしまっています。このことを当然のように受け止めておられる方が多いと思いますが、実はこれは大変不自然なことなのです。実

はこのことが日本人の英語学習能力を低下させてしまっている元凶でもあるのです。私たち日本人は、日本語を日本語で理解しています。アメリカ人は英語を英語で理解しています。当然のことです。つまり、英語をマスターするためには、英語を日本語で理解するのではなく、英語を英語で考え、理解できるようにならなければならないのです。英語を日本語に対応させながら学習する方法を続ける限り、言語を司る神経回路が複雑になるばかりで、英語の習得は永遠に不可能なのです。

英語学習で、十分に右脳を活用してこなかった

私たちは英単語を暗記するとき、大変な苦痛を感じます。たかだか1000の英単語を暗記するのも、そう容易ではありません。ましてや、英語をある程度使いこなせるようになるためには、1万語は覚えなければなりません。そうなると英単語を覚えることがほぼ絶望的な気分に陥ってしまいます。結局、記憶力のある優秀なほんの一握りの人にしか、英語はマスターできないのではないかと思えてきます。そのことで

英語の習得を断念した人が少なくないはずです。

ところが、英単語をなかなか覚えられない原因は、皆さんの記憶力が低いからではなく、ただ単純に右脳を活用せず、左脳偏重の誤った方法で英単語を覚えてきたからに過ぎないのです。

リックメソッドによる英単語記憶法

右脳を活用しない従来の記憶法について

右脳と左脳のはたらき

まず、右脳と左脳のはたらきについて考えてみますと、大脳は右脳と左脳の二つに分かれており、脳梁(のうりょう)によって結ばれ、情報が伝達されるしくみになっています。右脳は「イメージ脳」、左脳は「言語脳」といわれ、両方の脳がお互いの役割を分担し協力しながら脳の作業を司っています。

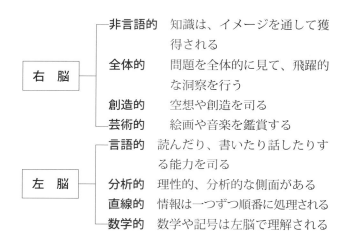

言葉の性質について

　次に、言葉の性質について考えてみますと、言葉は基本的に二つの要素から成り立っています。一つは文字情報（表音・表記）の部分、もう一つはイメージ情報の部分で、この二つは表裏一体の関係にあります。

　具体的に、「定規」という言葉を例にとって図式化すると次頁のようになります。

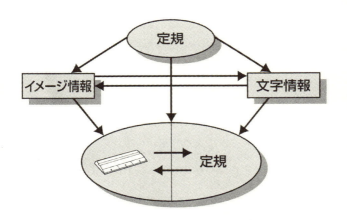

言葉と脳の関係

では、言葉と脳の関わりはどのようになるのでしょうか。下記の図式のようにイ

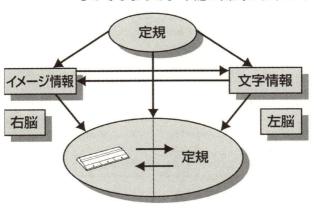

メージ情報は右脳に、文字情報は左脳に分けられて、それぞれの脳に記憶されます。

右脳のはたらきを疎外したテスト

ではここで、右脳を使わない記憶がいかに大変であるかを知るテストをしてみたいと思います。

右脳のはたらきを抑えることは、イメージの伴わない言葉を覚えることによって実現できます。イメージの伴わない言葉として無意味な言葉などがあげられます。では以下の文章を記憶してください。

●無意味なことば

とすて のくおき たし いがそ をきらたは のうのう

いかがですか。イメージの伴わない左脳だけの記憶が、いかに大変かおわかりいただけたと思います。

ちなみに、上記の言葉にイメージが加わると、記憶は一気に飛躍します。

ひらがなを逆から読むと
うのうの はたらきを そがい した てすと

従来の英単語の記憶

　私たちは、これまで、右脳のはたらきを疎外して、左脳だけで英単語を記憶してきました。その方法を分析しますと、以下のようになります。

「ruler」という英単語の文字を認識

対訳の「定規」という日本語と照合

ruler・定規　ruler・定規　ruler・定規
ruler・定規　ruler・定規　ruler・定規
ruler・定規　ruler・定規　ruler・定規

「ruler」＝「定規」が脳に定着するまで記憶の作業を反復する

これを図式化すると次のようになります。

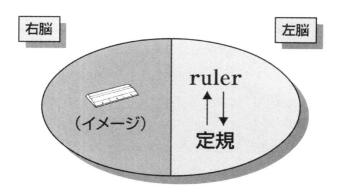

　図式を見ていただくとよくわかります。これだと左脳内において表音表記の文字だけで記憶の作業が反復され、イメージが出力されていません。つまり右脳のはたらきがフリーズ状態のまま、記憶の作業（イメージ）が、繰り返されていることになります。左脳だけの記憶がいかに大変かは、先ほどのテストで実験済みです。このような方法で英単語を記憶することは、非常に大きな困難がつきまとい、また成果も上がりません。

　では、どうすればいいのでしょうか。

リックメソッドによる記憶法

まずは、図式を見て下さい。

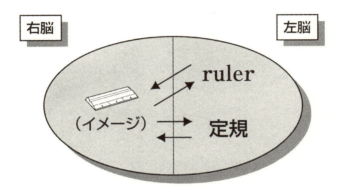

すでに私たちは、膨大な数の日本語を記憶しています。それはすなわち、その数の概念化されたイメージを、右脳に記憶していることを意味します。実は、そのイメージを右脳から出力して、英単語の文字と合わせるのです。

それを実現するためにはどうすればよいのか。次の文章をお読みください。

まっすぐにrulerを使って線を引く

　この文章を読むと前後の文脈からruler が何であるかイメージできます。つまり、短い文章を通し右脳から定規のイメージが出力されるのです。そのイメージとruler を結合するのです。右脳におけるイメージを活用すると記憶力が飛躍的に向上するのは、先ほどのテストで実験済みです。

　理解を深めるためにもう少し例文をお読みください。

タンクにfuelを補給する
銀行でaccountを開設する
玄関をほうきでsweepする
法律で売春をprohibitする
法を無視したillegalな取り引き

　いかがですか？　例文を読んで英単語のイメージが浮かんできませんか。右脳に眠っているイメージが、呼び起こされたのではないでしょうか。

　またこの方法だと、rulerを定規と理解しなくても、rulerをそのまま英語で理解

することが可能になります。英語を日本語に翻訳して理解するという私たちの悪い習慣から脱皮することができます。

ちなみに、英語をそのまま理解することを、実は私たち日本人は無意識に行ってきました。以下をご覧ください。

ビギナー　トレンド　スピーチ　ニーズ
サポート　パーフェクト　リサーチ　システム
アピール　マナー　セオリー　パートナー
リーダー　メソッド　ユーモア　アイス
ジンクス　エゴイスト

これらは外来語です。いちいち日本語の対訳と合わせながら覚えたわけではありません。「ビギナー」を「ビギナー」として、「トレンド」を「トレンド」として、初めから自然に覚えたものばかりです。

本書の利用法

まず英単語の発音を習得していただくために、音声データを用意しています。まずはそれをPCやスマホにダウンロードしてください。

※ダウンロードは18頁及び表紙の袖に記載された方法に従って行ってください。

音声は各ページの見出しと英単語のみが録音されています。とてもシンプルです。日本語の対訳はついていません。それをすると従来型の左脳を使った記憶法になるからです。

まずは英単語を何度も聴いて、英単語の発音を耳から覚えてください。口に出して発音すればより効果的です。

後はその意味が分かれば、英単語の記憶は完成です。しかも英単語を日本語に還元しないで意味を覚えたことになります。

続いて英語の意味の記憶は本書を読んでおこないます。

本書は、**文章を読みながら英単語のイメージが浮かぶように工夫してつくられていま**

す。イメージを優先しているため、多少の不自然な文章はお許しください。

左ページの文章を読みながら英語の意味をイメージで捉えるようにして、右ページの対訳は、あくまで確認程度にとどめてください。

最初は日本語の意味を確認する必要がありますが、慣れてきたら左ページだけを読みながら英語の意味を右脳で覚えていきます。ただ、ピアノやゴルフの習得を考えてみればおわかりいただけると思いますが、何をするにも反復作業は必要な条件です。2〜3回の反復でマスターを望むこと自体、非科学的なことです。英単語の記憶においても同じことが言えます。

この本は、1ページごとの読み切りにし、無駄な文章をいっさい省き、テンポよくリズミカルに読み進められるように工夫がこらされています。

チェックチャートが本書の巻頭に用意されていますので、できれば40回を目安に、そこに記入しながら読み返してください。慣れてくれば1時間で1冊読み通すことができ、早い人で40日足らずで、英単語1500

をマスターすることが可能です。
過去、受験で苦労された皆様が、この本を通して英単語習得が非常に容易であることを実感されるに違いありません。

リック西尾

```
すべての単語の音声入り
無料音声
（1〜4倍速対応）
ダウンロード
スマホでも聴けます！
```

本書の単語の音声は、パソコン・スマホ・タブレット端末のいずれでも無料でご利用いただけます。ダウンロードの詳細は、下記をご参照ください。

http://kklong.co.jp/jissen

下のQRコードからもアクセスできます。

■2倍速、3倍速、4倍速でチャレンジしてみよう!

　最初は通常のスピードで英文を聞き、声に出して下さい。少し慣れてきたら2倍速でチャレンジして下さい。それにも慣れてきたら3倍速に、さらに4倍速にまでチャレンジして下さい。

　やっているうちに左脳の自意識が薄れ、情報が右脳に定着しやすくなります。右脳に定着した英語の情報が左脳につながれば、いつでも理解し表現ができるようになります。そして自然に英語が口から出てくるようになります。

　このチャレンジの過程で、日本語という振動数の低い言語に慣れ切っていた聴覚が鋭くなってくるのが分かります。聴覚が敏感になることによって、振動数の高い英文を聞き取る力が高まります。

　試しに、高速に慣れてきたら、少しスピードを下げてみてください。以前は聞きにくかった英文がハッキリ聞こえ、いつの間にか右脳に定着しているのが実感できるはずです。

〈指導・制作〉
　一般社団法人エジソン・アインシュタインスクール協会
　　　　　　　　　　　　　　　　代表　鈴木昭平

CONTENTS

リーディングチェックシート ……………………………………2
リックメソッドとは ……………………………………………4

SECTION 1
- 1-1 ● 現象 [動詞] ……………………………26
- 1-2 ● 知性 [動詞] ……………………………28
- 1-3 ● 金融 [動詞] ……………………………30
- 1-4 ● 食品 [名詞] ……………………………32
- 1-5 ● 人1 [名詞] ……………………………34
- 1-6 ● 会社1 [名詞] …………………………36
- 1-7 ● 証券 [名詞] ……………………………38
- 1-8 ● 外交 [名詞] ……………………………40
- 1-9 ● 物1 [形容詞] …………………………42
- 1-10 ● 文化人 [形容詞] ……………………44

SECTION 2
- 2-1 ● 生物 [動詞] ……………………………48
- 2-2 ● させる [動詞] …………………………50
- 2-3 ● 経済1 [動詞] …………………………52
- 2-4 ● 家庭 [名詞] ……………………………54
- 2-5 ● 人2 [名詞] ……………………………56
- 2-6 ● 企業1 [名詞] …………………………58
- 2-7 ● 株式市場 [名詞] ………………………60
- 2-8 ● 貿易 [名詞] ……………………………62
- 2-9 ● 物2 [形容詞] …………………………64
- 2-10 ● 美人 [形容詞] ………………………66

SECTION 3
- 3-1 ● 物3 [動詞] ……………………………70
- 3-2 ● 人生1 [動詞] …………………………72
- 3-3 ● 人間社会 [動詞] ………………………74
- 3-4 ● 家族 [名詞] ……………………………76
- 3-5 ● 人3 [名詞] ……………………………78
- 3-6 ● 企業2 [名詞] …………………………80
- 3-7 ● 株市場 [名詞] …………………………82
- 3-8 ● 選挙 [名詞] ……………………………84
- 3-9 ● 食べ物1 [形容詞] ……………………86
- 3-10 ● 男女関係 [形容詞] …………………88

SECTION 4
- 4-1 ● 生活動作 [動詞] ………………………92
- 4-2 ● こころ1 [動詞] ………………………94
- 4-3 ● 復讐 [動詞] ……………………………96
- 4-4 ● 病気1 [名詞] …………………………98
- 4-5 ● 人4 [名詞] ……………………………100
- 4-6 ● 職業1 [名詞] …………………………102

	4-7 ● 相場 [名詞]	104
	4-8 ● 行政 [名詞]	106
	4-9 ● 商品1 [形容詞]	108
	4-10 ● 有能なビジネスマン [形容詞]	110
SECTION 5	5-1 ● 子供の動作 [動詞]	114
	5-2 ● マイナスのこころ1 [動詞]	116
	5-3 ● 犯罪1 [動詞]	118
	5-4 ● 病気2 [名詞]	120
	5-5 ● 人5 [名詞]	122
	5-6 ● 雇用 [名詞]	124
	5-7 ● 不景気 [名詞]	126
	5-8 ● 国政 [名詞]	128
	5-9 ● 場所 [形容詞]	130
	5-10 ● 嫌われる人間 [形容詞]	132
SECTION 6	6-1 ● 学生 [動詞]	136
	6-2 ● 邪心 [動詞]	138
	6-3 ● 裁判1 [動詞]	140
	6-4 ● 書籍 [名詞]	142
	6-5 ● 悪人 [名詞]	144
	6-6 ● 言葉1 [名詞]	146
	6-7 ● ローン [名詞]	148
	6-8 ● 産業 [名詞]	150
	6-9 ● 部屋 [形容詞]	152
	6-10 ● マイナスの人間 [形容詞]	154
SECTION 7	7-1 ● 日常生活 [動詞]	158
	7-2 ● マスコミ [動詞]	160
	7-3 ● 戦闘 [動詞]	162
	7-4 ● 学校 [名詞]	164
	7-5 ● 犯罪2 [名詞]	166
	7-6 ● 意見1 [名詞]	168
	7-7 ● ビジネス1 [名詞]	170
	7-8 ● 不動産 [名詞]	172
	7-9 ● 生活 [形容詞]	174
	7-10 ● レベル [形容詞]	176
SECTION 8	8-1 ● 料理 [動詞]	180
	8-2 ● 研究所 [動詞]	182
	8-3 ● 政府1 [動詞]	184
	8-4 ● 大学 [名詞]	186
	8-5 ● 犯罪者 [名詞]	188

	8-6 ●	会議 1 [名詞]	190
	8-7 ●	特許 [名詞]	192
	8-8 ●	戦略 [名詞]	194
	8-9 ●	からだ [形容詞]	196
	8-10 ●	抽象 1 [形容詞]	198
SECTION 9	9-1 ●	お金 [動詞]	202
	9-2 ●	職業 2 [動詞]	204
	9-3 ●	政策 [動詞]	206
	9-4 ●	学問 [名詞]	208
	9-5 ●	警察 [名詞]	210
	9-6 ●	人間 [名詞]	212
	9-7 ●	経営 [名詞]	214
	9-8 ●	IT [名詞]	216
	9-9 ●	病気 3 [形容詞]	218
	9-10 ●	抽象 2 [形容詞]	220
SECTION 10	10-1 ●	恋愛 [動詞]	224
	10-2 ●	職業 3 [動詞]	226
	10-3 ●	自然 1 [名詞]	228
	10-4 ●	書類 [名詞]	230
	10-5 ●	こころ 2 [名詞]	232
	10-6 ●	経理 [名詞]	234
	10-7 ●	税 [名詞]	236
	10-8 ●	裁判 2 [名詞]	238
	10-9 ●	出来事 [形容詞]	240
	10-10 ●	仕事 [形容詞]	242
SECTION 11	11-1 ●	病気 4 [動詞]	246
	11-2 ●	ビジネスマン [動詞]	248
	11-3 ●	天気 [名詞]	250
	11-4 ●	宗教 [名詞]	252
	11-5 ●	マイナスのこころ 2 [名詞]	254
	11-6 ●	利益 [名詞]	256
	11-7 ●	不正行為 [名詞]	258
	11-8 ●	裁判 3 [名詞]	260
	11-9 ●	話 [形容詞]	262
	11-10 ●	ビジネス 2 [形容詞]	264
SECTION 12	12-1 ●	教育 [動詞]	268
	12-2 ●	上司 [動詞]	270
	12-3 ●	物 4 [名詞]	272
	12-4 ●	葬式 [名詞]	274

	12-5 ●	マイナスのこころ3 [名詞]	…276
	12-6 ●	工場 [名詞]	…278
	12-7 ●	ビジネス抽象1 [名詞]	…280
	12-8 ●	暴動 [名詞]	…282
	12-9 ●	意見2 [形容詞]	…284
	12-10 ●	社会 [形容詞]	…286
SECTION 13	13-1 ●	行為 [動詞]	…290
	13-2 ●	会社2 [動詞]	…292
	13-3 ●	物理 [名詞]	…294
	13-4 ●	新聞 [名詞]	…296
	13-5 ●	人生2 [名詞]	…298
	13-6 ●	労働 [名詞]	…300
	13-7 ●	ビジネス抽象2 [名詞]	…302
	13-8 ●	紛争 [名詞]	…304
	13-9 ●	態度 [形容詞]	…306
	13-10 ●	経済2 [形容詞]	…308
SECTION 14	14-1 ●	話す [動詞]	…312
	14-2 ●	ビジネス3 [動詞]	…314
	14-3 ●	車 [名詞]	…316
	14-4 ●	報道 [名詞]	…318
	14-5 ●	負の人生 [名詞]	…320
	14-6 ●	商品2 [名詞]	…322
	14-7 ●	国家 [名詞]	…324
	14-8 ●	独裁政治 [名詞]	…326
	14-9 ●	様々な人 [形容詞]	…328
	14-10 ●	裁判4 [形容詞]	…330
SECTION 15	15-1 ●	言葉2 [動詞]	…334
	15-2 ●	会議2 [動詞]	…336
	15-3 ●	食べ物2 [名詞]	…338
	15-4 ●	公害 [名詞]	…340
	15-5 ●	抽象3 [名詞]	…342
	15-6 ●	通貨 [名詞]	…344
	15-7 ●	政府2 [名詞]	…346
	15-8 ●	自然2 [形容詞]	…348
	15-9 ●	色々な人間 [形容詞]	…350
	15-10 ●	国 [形容詞]	…352

SECTION 1

- 1-1 ● 現象 [動詞]
- 1-2 ● 知性 [動詞]
- 1-3 ● 金融 [動詞]
- 1-4 ● 食品 [名詞]
- 1-5 ● 人1 [名詞]
- 1-6 ● 会社1 [名詞]
- 1-7 ● 証券 [名詞]
- 1-8 ● 外交 [名詞]
- 1-9 ● 物1 [形容詞]
- 1-10 ● 文化人 [形容詞]

動詞

現象

面が太陽を反射し **glisten**(グリスン) する

クリスタルが光を反射し **glitter**(グリタァ) する

ローソクの炎が暗闇を **illuminate**(イリューミネイト) する

金属が高熱で **fuse**(フューズ) する

液体が熱で **evaporate**(イヴァポレイト) する

作動する発電機が電気を **generate**(チェネレイト) する

ガスタンクが引火し **explode**(イクスプロウド) する

火山が煙をあげて **erupt**(イラプト) する

地球は自ら **rotate**(ロウテイト) する

地球は太陽の周りを **revolve**(リヴァルヴ) する

1-1

☐ **glisten** [glísn]	きらきら光る（濡れたものが）	きらめく
☐ **glitter** [glítər]	ぴかぴか光る（金属などが）	きらきら輝く
☐ **illuminate** [il(j)ú:mənèit]	を照らす	を照明する
☐ **fuse** [fjú:z]	溶ける	ヒューズが飛ぶ 名導火線
☐ **evaporate** [ivǽpərèit]	蒸発する	を蒸発させる 消失する（希望などが）
☐ **generate** [dʒénərèit]	を発生させる	を起こす
☐ **explode** [iksplóud]	爆発する	を爆発させる
☐ **erupt** [irʌ́pt]	噴火する	を噴出する 爆発する（感情などが）
☐ **rotate** [róuteit]	自転する	回転する 循環する
☐ **revolve** [riválv]	公転する	回転する を回転させる

動詞

知性

がむしゃらにあらゆる知識を **absorb**(アブソーブ) する

腰を落ち着け問題点を **ponder**(パンダァ) する

文章から作者の気持ちを **comprehend**(カンプリヘンド) する

理解しがたい難解な詩を **interpret**(インタ〜プリト) する

わずかな遺跡から古代を **speculate**(スペキュレイト) する

考えを推し量って物事を **infer**(インファ〜) する

不確かな証拠をもとに事件を **presume**(プリズ(ュ)ーム) する

改めて記事の内容を **ascertain**(アサティイン) する

正確に言葉の意味を **define**(ディファイン) する

鋭敏な五感でわずかな刺激を **perceive**(パスィーヴ) する

1-2

absorb [əbsɔ́ːrb]	を吸収する	を夢中にさせる／を併合する
ponder [pándər]	をよく考える	を熟考する
comprehend [kàmprihénd]	を理解する(文語的)	
interpret [intə́ːrprit]	を解釈する	を説明する／通訳する
speculate [spékjulèit]	を推測する	いろいろ思索する
infer [infə́ːr]	を推論する	を推測する／を推定する
presume [priz(j)úːm]	を推定する	ずうずうしく言う／生意気な行動をする
ascertain [æsərtéin]	を確かめる	
define [difáin]	を定義する	を限定する
perceive [pərsíːv]	を知覚する	を理解する

動詞

金融

経済市場にドルが **circulate** する

定期預金が一ヶ月後で **mature** する

ローンにおける返済時期を **delay** させる

支払いを受ける小切手に **endorse** する

経営不振で手形が **bounce** する

財政難の子会社に **fund** する

発展する企業に資金を **invest** する

好調な販売で莫大な利益を **gain** する

買収先の会社の価値を **assess** する

競売で絵画に値を **bid** する

1-3

単語	意味1	意味2
☐ **circulate** [sə́:rkjulèit]	流通する（貨幣が）	循環する 読まれる（新聞などが）
☐ **mature** [mət(j)úər]	満期になる	熟す 形 円熟した
☐ **delay** [diléi]	を延期する	を遅らせる 遅れる
☐ **endorse** [indɔ́:rs]	に裏書きする	
☐ **bounce** [bauns]	不渡りになる	はずむ 跳ね回る
☐ **fund** [fʌnd]	に資金援助する	名 資金
☐ **invest** [invést]	を投資する	
☐ **gain** [gein]	を得る	を増す 名 利益
☐ **assess** [əsés]	を査定する（物・物事の価値など）	を評価する
☐ **bid** [bid]	をつける（値）	名 つけ値 名 入札

動詞

食品

食品メーカーで製造する **processed food**
（プラセストフード）

製造過程で留意する **hygiene**
（ハイヂーン）

高温煮沸による食品の **sterilization**
（ステリリゼイション）

ラベルに記入された **the date of manufacture**
（ザ デイト(ォ)ヴ マニュファクチャ）

食品が食べられる有効な **expiration date**
（エクスピレイション デイト）

食品に含まれる様々な **nutrient**
（ニュートゥリエント）

穀物に代表される **carbohydrate**
（カーボハイドゥレイト）

腐敗を防ぐ添加物の **preservative**
（プリザ〜ヴァティヴ）

食品に色をつける **artificial colors**
（アーティフィシャル カラァズ）

人体に害をもたらす **harmful food**
（ハームフル フード）

32

1-4

☐ **processed food** [prásest fúːd]	加工食品	
☐ **hygiene** [háidʒiːn]	衛生	
☐ **sterilization** [stèrələzéiʃən]	殺菌	
☐ **the date of manufacture** [ðə dèit (ə)v mæn(j)ufǽktʃər]	製造年月日	
☐ **expiration date** [ekspəréiʃən dèit]	賞味期限	
☐ **nutrient** [n(j)úːtriənt]	栄養物	栄養剤 形栄養のある
☐ **carbohydrate** [kàːrbəháidreit]	炭水化物	
☐ **preservative** [prizə́ːrvətiv]	防腐剤	形保存の 形保存力のある
☐ **artificial colors** [aːrtəfíʃəl kʌ́lərz]	人口着色料	
☐ **harmful food** [háːrmfəl fúːd]	有害食品	

名詞

人1

広大な土地を所有する **landlord** ラン(ドゥ)ロード

旅行者に同行して世話をする **courier** クーリア

会社で受付をする **receptionist** リセプショニスト

子供の自宅で勉強をみる **tutor** テュータァ

個人で医院を開業する **practitioner** プラクティショナァ

上司のもとではたらく **subordinate** サボーディネット

仕事を後任者に託した **predecessor** プレデセサァ

法人を代表し業務する **trustee** トゥラスティー

年金生活を送る **pensioner** ペンショナァ

未来を予言する **prophet** プラフィット

1-5

☐ **landlord** [læn(d)lɔ̀:rd]	地主	主人 家主
☐ **courier** [kúriər]	ガイド	添乗員 特使
☐ **receptionist** [risépʃənist]	受付係	
☐ **tutor** [t(j)ú:tər]	家庭教師	動 個人指導をする
☐ **practitioner** [præktíʃ(ə)nər]	開業医	弁護士
☐ **subordinate** [səbɔ́:rd(ə)nit]	部下	下級者 形 下位の
☐ **predecessor** [prédəsèsər]	前任者	
☐ **trustee** [trʌstí:]	理事	評議員 受託人
☐ **pensioner** [pénʃənər]	年金受給者	
☐ **prophet** [práfit]	予言者	代弁者 提唱者

名詞

会社 1

会社業務を代理で行う **agency** [エイヂェンスィ]

チェーンに加盟している **franchisee** [フランチャイズィー]

工場から入荷して販売する **outlet** [アウトゥレト]

仕事で取引する先方の **business connection** [ビズネスコネクション]

地方に配置された支店の **business office** [ビズネス オ(ー)フィス]

製品を製造する **manufacturing company** [マニュファクチァリング カンパニィ]

貿易の輸出入を仲介する **trading company** [トゥレイディング カンパニィ]

外国から進出してきた **foreign affiliate company** [フォ(ー)リン アフィリエイト カンパニィ]

その会社に関係がある **associated company** [アソウシエイティド カンパニィ]

家族が従業員の **small business** [スモール ビズネス]

1-6

☐ **agency** [éidʒənsi]	代理店	機関（米政府の） 作用
☐ **franchisee** [fræntʃaizí:]	チェーン加盟店	
☐ **outlet** [áutlèt]	工場直販店	出口 コンセント
☐ **business connection** [bíznis kənèkʃən]	取引先	
☐ **business office** [bíznis ɔ́(:)fis]	営業所	
☐ **manufacturing company** [mæ̀n(j)ufǽktʃəriŋ kʌ́mp(ə)ni]	製造会社	
☐ **trading company** [tréidiŋ kʌ́mp(ə)ni]	商事会社	
☐ **foreign affiliate company** [fɔ́(:)rən əfílieit kʌ́mp(ə)ni]	外資系会社	
☐ **associated company** [əsóuʃieitid kʌ́mp(ə)ni]	関連会社	
☐ **small business** [smɔ́:l bíznis]	零細企業	

名詞

証券

債権・手形・小切手などの **securities** (セキュ(ア)リティズ)

国が発行する有価証券の **government bond** (ガヴァ(ン)メントバンド)

代金の支払いで出す有価証券の **draft** (ドゥラフト)

支払いを約束した有価証券の **promissory note** (プロミサリィノウト)

支払いを拒否された手形の **dishonored bill** (ディスアナァドビル)

支払いを拒否された小切手の **bad check** (バッドチェック)

手形の譲渡の際に署名する **endorsement** (エンドースメント)

株主に利益を分配する **dividend** (ディヴィデンド)

株の配当が減る **dividend decrease** (ディヴィデンド ディクリース)

株の配当が増える **dividend increase** (ディヴィデンド インクリース)

1-7

☐ **securities** [sikjú(ə)rətiz]	有価証券(複数形で)	
☐ **government bond** [gʌ́vər(n)mənt bànd]	国債	
☐ **draft** [dræft]	為替手形	図案 下書き
☐ **promissory note** [prɑ́mis(ə)ri nòut]	約束手形	
☐ **dishonored bill** [disɑ́nərd bil]	不渡り手形	
☐ **bad check** [bǽd tʃèk]	不渡り小切手	
☐ **endorsement** [indɔ́ːrsmənt]	裏書き	
☐ **dividend** [dívədènd]	配当	配当金
☐ **dividend decrease** [dívədend dikríːs]	減配	
☐ **dividend increase** [dívədend inkríːs]	増配	

名詞

外交

外国と付き合い交渉する **diplomacy** [ディプロウマスィ]

外交上で起きる様々な **diplomatic issue** [ディプロマティク イシュー]

国家間で取り決めをする **agreement** [アグリーメント]

各国と結ぶ通商の **treaty** [トゥリーティ]

不正な国家に刑罰を加える **sanction** [サン(ク)ション]

加害国として損害の費用を償う **compensation** [カンペンセイション]

国際平和機構として設立された **the United Nations** [ザ ユーナイティド ネイションズ]

国際間の紛争に割って入る **arbitration** [アービトゥレイション]

国連に加入している **member nation** [メンバァ ネイション]

会議の可決に同意を拒む **veto** [ヴィートゥ]

1-8

☐ **diplomacy** [diplóuməsi]	外交	外交的手腕
☐ **diplomatic issue** [dipləmǽtik íʃuː]	外交問題	
☐ **agreement** [əgríːmənt]	協定	一致
☐ **treaty** [tríːti]	条約	協定
☐ **sanction** [sǽŋ(k)ʃən]	制裁（国際間にはふつう複数形で）	認可　動を認可する
☐ **compensation** [kàmpənséiʃən]	補償	賠償　賠償金
☐ **the United Nations** [ðə juːnáitid néiʃənz]	国際連合	
☐ **arbitration** [àːrbətréiʃən]	仲裁	
☐ **member nation** [mémbər néiʃən]	加盟国	
☐ **veto** [víːtou]	拒否権	動を拒否する

形容詞

物 1

ワックスでよく磨かれた **slick**(スリック) な板

人が乗ってもつぶれない **hardy**(ハーディ) な箱

重量感があって **ponderous**(パンダラス) な荷物

倉庫に山積みされた **bulky**(バルキィ) ながらくた

結婚式でもらった **commemorative**(コメモラティヴ) な指輪

世界中探してもどこにもない **sole**(ソウル) の宝

右と左がまったく同じの **symmetrical**(スィメトゥリカル) な彫刻

取り替え可能な **compatible**(コンパティブル) な部品

ウランから取り出された **radioactive**(レイディオウアクティヴ) な物質

宇宙空間に漂う **stationary**(ステイショネリィ) な衛星

1-9

☐ **slick** [slik]	滑らかな	すべすべした 口先のうまい
☐ **hardy** [háːrdi]	頑丈な	大胆な
☐ **ponderous** [pánd(ə)rəs]	どっしりとした	大きくて重い 重苦しい
☐ **bulky** [bʌ́lki]	かさばった	むやみに大きくて扱いにくい
☐ **commemorative** [kəmémərətiv]	記念の	祝う
☐ **sole** [soul]	唯一の(形式的)	
☐ **symmetrical** [simétrikəl]	左右対称の	つり合った 均整のとれた
☐ **compatible** [kəmpǽtəbl]	互換性のある	両立できる 矛盾のない
☐ **radioactive** [rèidiouǽktiv]	放射性の	放射能のある
☐ **stationary** [stéiʃənèri]	静止した	動かない

形容詞
文化人

世界的に知られる **renowned**(リナウンド) なシンガー

歴史に名を残す **eminent**(エミネント) な画家

麻薬の所持で逮捕された **notorious**(ノウトーリアス) な芸能人

大衆に愛読される **distinguished**(ディスティングウィシト) な作家

人に感動を与える **gifted**(ギフティド) な作曲家

創作活動に明け暮れる **vigorous**(ヴィゴラス) な芸術家

医学界の頂点に立つ **potent**(ポウテント) な医学博士

大衆の前で熱弁をふるう **eloquent**(エロクェント) な代議士

適切なコメントをする **sensible**(センスィブル) なコメンテーター

他人を見下した態度をとる **overbearing**(オウヴァベアリング) な有名人

1-10

☐ **renowned** [rináund]	有名な(famousより意味が強い)	名高い
☐ **eminent** [émənənt]	有名な(才能・業績などで)	著名な 地位が高い
☐ **notorious** [noutɔ́:riəs]	有名な(悪いことで)	悪名高い
☐ **distinguished** [distíŋgwiʃt]	著名な	名高い 高貴な
☐ **gifted** [gíftid]	才能豊かな	天賦の才能がある
☐ **vigorous** [víg(ə)rəs]	精力的な	元気はつらつとした 力強い
☐ **potent** [póut(ə)nt]	権威ある	影響力のある 説得力のある
☐ **eloquent** [éləkwənt]	雄弁な	
☐ **sensible** [sénsəbl]	良識のある	分別のある
☐ **overbearing** [òuvərbέəriŋ]	高慢な	いばった

SECTION 2

- 2-1 ● 生物 [動詞]
- 2-2 ● させる [動詞]
- 2-3 ● 経済1 [動詞]
- 2-4 ● 家庭 [名詞]
- 2-5 ● 人2 [名詞]
- 2-6 ● 企業1 [名詞]
- 2-7 ● 株式市場 [名詞]
- 2-8 ● 貿易 [名詞]
- 2-9 ● 物2 [形容詞]
- 2-10 ● 美人 [形容詞]

動詞

生物

春の到来を待った植物が **sprout** する
（スプラウト）

木になった柿が赤く **ripen** する
（ライプン）

花瓶に生けられた花が **wither** する
（ウィザァ）

時間が経過した死がいが **rot** する
（ラット）

冬になると熊は穴の中で **hibernate** する
（ハイバネイト）

メス馬に血統馬の精子を **fertilize** させる
（ファ～ティライズ）

ネズミがどんどんと子を産み **breed** する
（ブリード）

親鳥が巣の卵を **incubate** する
（インキュベイト）

生物は長い時代の中で **evolve** する
（イヴァルヴ）

使わずに退化した器官を **regenerate** する
（リチェネレイト）

2-1

sprout [spraut]	発芽する	芽が出る を発芽させる
ripen [ráip(ə)n]	熟する	円熟する を熟させる
wither [wíðər]	しおれる	しぼむ しなびる
rot [rɑt]	腐る	を腐らせる を堕落させる
hibernate [háibərnèit]	冬眠する	
fertilize [fə́:rtəlàiz]	を受精させる	を肥やす(土地) を豊かにする
breed [bri:d]	繁殖する	子を産む(動物が) を飼う
incubate [íŋkjubèit]	をかえす(鳥が卵)	
evolve [ivάlv]	進化する	を進化させる を展開させる
regenerate [ridʒénərèit]	を再生する	を更生させる を刷新する

動詞

させる

プレゼントを贈って子供を **delight**(ディライト) させる

十分な補償金で被害者を **suffice**(サファイス) させる

慰めを言って患者を **reassure**(リーアシュア) させる

受験に失敗し親を **disappoint**(ディサポイント) させる

浮気がばれて妻を **provoke**(プロヴォウク) させる

妻の離婚の請求は夫を **perplex**(パプレクス) させる

仲たがいしていた夫婦を **reconcile**(レコンサイル) させる

朝寝坊した子供を **quicken**(クウィクン) させる

突然の大声で周りを **astonish**(アスタニシ) させる

厳しい環境に隊員を **orient**(オーリエント) させる

2-2

☐ **delight** [diláit]	を大いに喜ばせる	をうれしがらせる
☐ **suffice** [səfáis]	を満足させる	に十分である
☐ **reassure** [rì:əʃúər]	を安心させる	
☐ **disappoint** [dìsəpóint]	をがっかりさせる	を失望させる
☐ **provoke** [prəvóuk]	を怒らせる	を起こさせる（感情など）
☐ **perplex** [pərpléks]	をまごつかせる	を途方に暮れさせる
☐ **reconcile** [rékənsàil]	を和解させる	を調停する（争いなど）
☐ **quicken** [kwík(ə)n]	を急がせる	を速める
☐ **astonish** [əstániʃ]	をびっくりさせる	を驚かす
☐ **orient** [ɔ́:rient]	を適応させる	名 東洋（the Orientで）

動詞
経済 1

今後の経済先行きを **foresee**(フォースィー) する

好景気で消費者の消費を **augment**(オーグメント) させる

消費の増加で景気を **boost**(ブースト) する

過剰な消費で物価が **soar**(ソー(ァ)) する

物価が暴騰し通貨需要を **inflate**(インフレイト) する

しだいに正常な経済水準を **exceed**(イクスィード) する

物価が上がりインフレが **ensue**(エンスー) する

過剰な物価上昇で経済の混乱を **trigger**(トゥリガァ) する

国全体の経済が **deteriorate**(ディティ(ア)リオレイト) する

不況で国家の財政を **oppress**(オプレス) する

2-3

foresee [fɔːrsíː]	を予測する
augment [ɔːgmént]	を増大させる(文語的)
boost [buːst]	を押し上げる / を後援する / を増やす
soar [sɔ́ːr]	急に上がる / 急上昇する
inflate [infléit]	を膨張させる(通貨) / を膨らます(空気など)
exceed [iksíːd]	を超過する(限度・法の範囲など)
ensue [insúː]	結果として起こる / 続いて起こる
trigger [trígər]	を起こさせる(重大事)
deteriorate [dití(ə)riərèit]	悪化する / を悪くする
oppress [əprés]	を圧迫する / を虐げる / を悩ます

名詞

家庭

ママが苦労する幼児の **parenting**
ペ(ア)レンティング

親が陥る過干渉と **over-protection**
オウヴァ プロテクション

青少年が犯罪に走る **delinquency**
ディリンクウェンスィ

親が学費を送る **remittance**
リミタンス

国から受ける老人の **social aid**
ソウシャル エイド

先祖から受け継いだ父方の **surname**
サ～ネイム

血統で代々つながった **descent**
ディセント

血によって継承される **heredity**
ヒレディティ

一代で築き上げた **fortune**
フォーチュン

親の遺言で相続した **legacy**
レガスィ

2-4

□ **parenting** [pé(ə)rəntiŋ]	子育て	
□ **over-protection** [óuvər prətékʃən]	過保護	
□ **delinquency** [dilíŋkwənsi]	非行	犯罪
□ **remittance** [rimít(ə)ns]	送金	
□ **social aid** [sóuʃəl éid]	生活保護	
□ **surname** [sə́:rnèim]	姓	
□ **descent** [disént]	家系	血統 系図
□ **heredity** [hərédəti]	遺伝	
□ **fortune** [fɔ́:rtʃən]	財産(比較的大きな)	運 富
□ **legacy** [légəsi]	遺産(遺言による)	

名詞

人 2

料理に意外とうるさい **gourmet**（グァメイ）

いつも何かに怯える **coward**（カウアド）

試合で対戦する **opponent**（オポウネント）

同窓会で再会する男性の **alumnus**（アラムナス）

同窓会で再会する女性の **alumna**（アラムナ）

志を共にする **comrade**（カムラド）

師匠の下で修練する **disciple**（ディサイプル）

聖地を巡り歩く **pilgrim**（ピルグリム）

人類一家族を熱望する **philanthropist**（フィランスロピスト）

誘拐犯に身柄を拘束された **hostage**（ハステヂ）

2-5

☐ **gourmet** [gúərmei]	食通	美食家 グルメ
☐ **coward** [káuərd]	臆病者	卑怯者
☐ **opponent** [əpóunənt]	相手 (試合・議論などの)	形 反対の 形 敵対する
☐ **alumnus** [əlʌ́mnəs]	同窓生(男性)	卒業生
☐ **alumna** [əlʌ́mnə]	同窓生(女性)	卒業生
☐ **comrade** [kɑ́mræd]	仲間	同士 同業者
☐ **disciple** [disáipl]	弟子	信奉者 門人
☐ **pilgrim** [pílgrim]	巡礼者	聖地参拝者
☐ **philanthropist** [fəlǽnθrəpist]	博愛主義者	
☐ **hostage** [hɑ́stidʒ]	人質	

名詞

企業 1

外国資本と手を結ぶ **merger** (マ～ヂァ)

合弁で設立された会社の **joint concern** (ジョイント コンサ～ン)

会社を買収して支配する **takeover** (テイコウヴァ)

企業内で調達した **owned capital** (オウンド キャピトゥル)

外部から借入れて調達した **borrowed capital** (バロウド キャピトゥル)

原料や商品の購入にあてる **working capital** (ワ～キング キャピトゥル)

企業が上げる利益の **corporate profits** (コーポレト プラフィッツ)

株式会社が発行する債務証券の **corporate bond** (コーポレト バンド)

企業が所有する物や権利などの **assets** (アセッツ)

会社における借入金などの **liabilities** (ライアビリティズ)

2-6

☐ **merger** [mə́:rdʒər]	合弁	合同
☐ **joint concern** [dʒɔ́int kənsə́:rn]	合弁会社	
☐ **takeover** [téikòuvər]	乗っ取り(会社の)	摂取 奪取
☐ **owned capital** [óund kǽpətl]	自己資本	
☐ **borrowed capital** [bároud kǽpətl]	借入資本	
☐ **working capital** [wə́:rkiŋ kǽpətl]	運転資本	運転資金
☐ **corporate profits** [kɔ́:rp(ə)rit práfits]	企業収益(複数形で)	
☐ **corporate bond** [kɔ́:rp(ə)rit bánd]	社債	
☐ **assets** [ǽsets]	資産(複数形で)	
☐ **liabilities** [làiəbílətiz]	負債(複数形で)	

名詞

株式市場

証券の取引を行う **stock exchange**
（スタック イクスチェインヂ）

証券取引を行うニューヨークの **the Big Board**
（ザ ビッグ ボード）

株式の取引が行われる市場の **stock market**
（スタック マーケット）

株の取引値段の **stock quotations**
（スタック クウォウテイションズ）

株式市場に上場した **listed stocks**
（リスティド スタックス）

値が上がる株の **gainer**
（ゲイナァ）

値が下がる株の **loser**
（ルーザァ）

株式市場に出そろう **description**
（ディスクリプション）

安定した買いのつく **blue chip**
（ブルー チップ）

株価が上下する激しい **fluctuation**
（フラクチュエイション）

2-7

☐ **stock exchange** [sták ikstʃèindʒ]	証券取引所	
☐ **the Big Board** [ðə bíg bɔ́ːrd]	ニューヨーク証券取引所(口語的)	ニューヨーク証券取引所の株価表示板
☐ **stock market** [sták màːrkit]	株式市場	
☐ **stock quotations** [sták kwoutèiʃənz]	株式相場	
☐ **listed stocks** [lístid stàks]	上場株	
☐ **gainer** [géinər]	値上がり株	勝利者 利得者
☐ **loser** [lúːzər]	値下がり株	敗者 負け犬
☐ **description** [diskrípʃən]	銘柄	描写 説明書
☐ **blue chip** [blúː tʃíp]	優良銘柄株	
☐ **fluctuation** [flʌ̀ktʃuéiʃən]	変動(上下する)	

名詞

貿易

貿易で輸入品にかける **tariff**（タリフ）

国家が貿易で規制する **protective trade**（プロテクティヴ トゥレイド）

国家が貿易で干渉しない **free trade**（フリー トゥレイド）

貿易で規制を撤廃する **trade liberalization**（トゥレイド リベラリゼイション）

両国間で結ぶ貿易の **trade agreement**（トゥレイド アグリーメント）

貿易における収支の **trade balance**（トゥレイド バランス）

貿易収支でマイナスになる **trade deficit**（トゥレイド デフィスィト）

貿易で両国間に格差ができる **trade imbalance**（トゥレイド インバランス）

貿易の不均衡で生じる **trade friction**（トゥレイド フリクション）

貿易の交流を取りやめる **embargo**（エンバーゴウ）

2-8

☐ **tariff** [tǽrif]	関税	料金表
☐ **protective trade** [prətéktiv tréid]	保護貿易	
☐ **free trade** [frí: tréid]	自由貿易	
☐ **trade liberalization** [tréid lib(ə)rəlizèiʃən]	貿易自由化	
☐ **trade agreement** [tréid əgrì:mənt]	貿易協定	
☐ **trade balance** [tréid bæləns]	貿易収支	
☐ **trade deficit** [tréid dèfisit]	貿易赤字	
☐ **trade imbalance** [tréid imbæləns]	貿易不均衡	
☐ **trade friction** [tréid frìkʃən]	貿易摩擦	
☐ **embargo** [imbá:rgou]	通商禁止	動 輸出入を禁止する

形容詞

物 2

字がかすれて **illegible**（イレヂブル）な本

パソコンのウィンドウズに **corresponding**（コ(ー)レスパンディング）なソフト

光ファイバー回線による **interactive**（インタアクティヴ）なゲーム機

オーダーメードによる **costly**（コ(ー)ストゥリィ）なドレス

病院で使われる **medical**（メディカル）な器具

一流の職人がつくった **exquisite**（エクスクウィズイト）な装飾品

機械の心臓部となる **integral**（インテグラル）な部品

倉庫に山積みされた **opulent**（アピュレント）な在庫品

配りきれずに残った **redundant**（リダンダント）なチラシ

貯金をはたいて買った **superb**（ス(ュ)(ー)パ〜ブ）な着物

2-9

☐ **illegible** [ilédʒəbl]	読みにくい	判読できない
☐ **corresponding** [kɔ̀(:)rəspándiŋ]	対応する	
☐ **interactive** [ìntərǽktiv]	双方向の	相互に作用する
☐ **costly** [kɔ́(:)stli]	費用のかかる	高価な 犠牲の大きい
☐ **medical** [médikəl]	医療の	医学の 内科の
☐ **exquisite** [ékskwizit]	実にみごとな	絶妙な 精巧な
☐ **integral** [íntəgrəl]	絶対必要な	全体の 完全な
☐ **opulent** [ápjulənt]	豊富な	富んだ 十分な
☐ **redundant** [ridʌ́ndənt]	余分な	余計な
☐ **superb** [s(j)u(:)pə́:rb]	とびきり立派な	

形容詞

美人

平安な表情で **serene** な顔つき
スィリーン

しなやかな **refined** な仕草
リファインド

背筋を伸ばした **decent** な姿勢
ディースント

無駄のない **sophisticated** な動作
ソフィスティケイティド

マナーの行き届いた **courteous** な作法
カ〜ティアス

優雅で美しい **graceful** な振る舞い
グレイスフル

こころが奪われる **fascinating** な美貌
ファスィネイティング

話し方に艶のある **enchanting** な声
エンチャンティング

文化的な知識が豊富で **cultivated** な女性
カルティヴェイティド

恋に命を燃やす **vehement** な女性
ヴィーエメント

2-10

☐ **serene** [sirí:n]	落ち着いた	穏やかな 澄みわたった
☐ **refined** [rifáind]	上品な	洗練された 精製した
☐ **decent** [dí:s(ə)nt]	ちゃんとした	まともな 慎みのある
☐ **sophisticated** [səfístəkèitid]	洗練された	教養のある 非常に複雑な
☐ **courteous** [kə́:rtiəs]	礼儀正しい	丁重な 思いやりのある
☐ **graceful** [gréisfəl]	気品のある	優美な 優雅な
☐ **fascinating** [fǽsənèitiŋ]	魅惑的な	非常に美しい
☐ **enchanting** [intʃǽntiŋ]	うっとりさせる	魅惑的な
☐ **cultivated** [kʌ́ltəvèitid]	教養のある	洗練された 耕作された
☐ **vehement** [ví:əmənt]	熱情的な	激しい

SECTION 3

- 3-1 ● 物 3 [動詞]
- 3-2 ● 人生 1 [動詞]
- 3-3 ● 人間社会 [動詞]
- 3-4 ● 家族 [名詞]
- 3-5 ● 人 3 [名詞]
- 3-6 ● 企業 2 [名詞]
- 3-7 ● 株市場 [名詞]
- 3-8 ● 選挙 [名詞]
- 3-9 ● 食べ物 1 [形容詞]
- 3-10 ● 男女関係 [形容詞]

動詞

物 3

ポンプの空気を **compress** する

ジュースを原液に **condense** する

粘着テープが壁に **adhere** する

弾丸が鉄板を **penetrate** する

円盤が水面を **skim** する

空の鍋を火で **scorch** する

レンズで新聞の文字を **magnify** する

ワインボトルを船にぶつけ **smash** する

爆薬を使って古いビルを **demolish** する

激しい嵐で船を **wreck** させる

3-1

☐ **compress** [kəmprés]	を圧縮する	を要約する
☐ **condense** [kəndéns]	を濃縮する	を凝結させる を液化する
☐ **adhere** [ədhíər]	くっつく	付着する に固執する
☐ **penetrate** [pénətrèit]	を貫通する	を通る(光・声などが) に浸透する
☐ **skim** [skim]	をすれすれに飛ぶ	をざっと読む をすくい取る
☐ **scorch** [skɔːrtʃ]	を焦がす	焦げる 疾走する(車などが)
☐ **magnify** [mǽgnəfài]	を拡大する(レンズなどで)	を誇張する
☐ **smash** [smæʃ]	を打ち砕く	粉々に壊れる を撃破する
☐ **demolish** [dimáliʃ]	を取り壊す(建物など)	を粉砕する(計画など)
☐ **wreck** [rek]	を難破させる	を破壊する

動詞

人生 1

家庭生活で性格を **mold** する
モウルド

顔も性格も父親に **resemble** する
リゼンブル

女に走り家族を **desert** する
ディザート

辛い過去から目を **avert** する
アヴァート

懐かしい昔を **recollect** する
レコレクト

昔のアルバムを見ながら **reminisce** する
レミニス

昔患った病気が **recur** する
リカ〜

闘病の末健康を **rally** する
ラリィ

懸命な医者の治療で命を **sustain** する
サステイン

突然の不慮の災難で **perish** する
ペリシ

3-2

mold [mould]	を形成する (性格・運命など)	
resemble [rizémbl]	に似る	に似ている
desert [dizə́ːrt]	を捨てる (家族・職務など)	を見捨てる 脱走する
avert [əvə́ːrt]	をそむける (顔・目・考えなど)	
recollect [rèkəlékt]	を思い出す	を回想する
reminisce [rèmənís]	思い出にふける	追想する 回想する
recur [rikə́ːr]	再発する (病気・事件などが)	繰り返される
rally [ræli]	を回復する (気力・健康など)	を再び集合させる 名集会
sustain [səstéin]	を維持する(生命)	を続ける
perish [périʃ]	死ぬ(不慮の災難などで)	倒れる 滅びる

動詞

人間社会

勉強不足で試験に **flunk** する
（フランク）

生活に大切な資源を **conserve** する
（コンサーヴ）

地元の人気力士を **second** する
（セカンド）

不正な入札で議員に **bribe** する
（ブライブ）

準備していた計画を **materialize** する
（マティ(ア)リアライズ）

雨天で旅行の日取りを **postpone** する
（ポウス(トゥ)ポウン）

包み隠さず自分の考えを **specify** する
（スペイスィファイ）

感情を殺し冷静を **retain** する
（リテイン）

読書を通して自分のこころを **enrich** する
（エンリッチ）

滝に身を打ち心身を **purify** する
（ピュ(ア)リファイ）

3-3

flunk [flʌŋk]	に失敗する(試験など)	に落第する
conserve [kənsə́ːrv]	を節約する(資源など)	を保存する
second [sék(ə)nd]	を後援する	を支持する 图第二
bribe [braib]	に賄賂を贈る	を買収する 图賄賂
materialize [mətí(ə)riəlàiz]	を具体化する	を実現する
postpone [pous(t)póun]	を延期する	
specify [spésəfài]	を明細に述べる	を明白にしるす
retain [ritéin]	を保つ(文語的)	を保持する を保有する
enrich [inrítʃ]	を豊かにする (こころ・内容など)	を富ませる の栄養を高める
purify [pjú(ə)rəfài]	を清める	を浄化する

名詞

家族

子供一人だけの **nuclear family**
ニュークリア ファミリィ

三世代からなる **extended family**
イクステンディド ファミリィ

実の親である **biological parent**
バイオラヂカル ペ(ア)レント

養子を引き取って育てる **foster parent**
フォ(ー)スタァ ペ(ア)レント

再婚した父の妻である **stepmother**
ステプマザァ

夫婦としてつれそう **mate**
メイト

血縁のない者が親子になる **adoption**
アダプション

養子縁組で子供になる **adopted child**
アダプティド チャイルド

仲たがいする夫婦が裁判所に起こす **divorce suit**
ディヴォース ス(ュ)ート

離婚で問題になる子供の **parental authority**
パレントゥル オサリティ

3-4

nuclear family [n(j)úːkliər fǽm(ə)li]	核家族	
extended family [iksténdid fǽm(ə)li]	大家族	
biological parent [baiəládʒikəl pè(ə)rənt]	生みの親	
foster parent [fɔ́(ː)stər pé(ə)rənt]	里親	
stepmother [stépmʌ̀ðər]	継母	
mate [meit]	配偶者	友達 片方
adoption [ədápʃən]	養子縁組	採用
adopted child [ədáptid tʃáild]	養子	
divorce suit [divɔ́ːrs s(j)ùːt]	離婚訴訟	
parental authority [pəréntl əθɔ́rəti]	親権	

名詞

人 3

工場ではたらく **labor** (レイバァ)

長年の技術を身につけた **skilled worker** (スキルド ワーカァ)

リストラで職を無くした **unemployed person** (アニンプロイド パースン)

ストに参加する **striker** (ストゥライカァ)

新しく事業を起こす **entrepreneur** (アーントゥレプレナー)

債務者に対し権利を持つ **creditor** (クレディタァ)

債権者に取り立てを受ける **debtor** (デタァ)

他人に代わって代行する **deputy** (デビュティ)

建設の入札に参加する **bidder** (ビタァ)

会社の倒産を清算する **liquidator** (リクウィディタァ)

3-5

☐ **labor** [léibər]	労働者(資本家に対し)	労働 動 労働する
☐ **skilled worker** [skíld wə́:rkər]	熟練労働者	
☐ **unemployed person** [ʌnimplɔ́id pə̀:rsn]	失業者	
☐ **striker** [stráikər]	スト参加者	
☐ **entrepreneur** [à:ntrəprəná:r]	起業家	
☐ **creditor** [kréditər]	債権者	
☐ **debtor** [détər]	債務者	借り主
☐ **deputy** [dépjuti]	代理人	代表者
☐ **bidder** [bídər]	入札者	
☐ **liquidator** [líkwidèitər]	清算人	

名詞

企業 2

自己資本を増やす **capital increase**
キャピトゥル インクリース

自己資本を減らす **capital reduction**
キャピトゥル リダクション

事業の展望が開けない **dead end**
デッド エンド

赤字で予算を減らす **budget cut**
バヂェト カット

赤字で事業規模を減らす **reduction**
リダクション

会社が被る莫大な **disadvantage**
ディサドゥヴァンテヂ

事業から手を引く **withdrawal**
ウィズドゥロー(ア)ル

落ち込む企業の **achievement**
アチーヴメント

債務の返済ができない **default**
ディフォールト

倒産による会社の **liquidation**
リクウィデイション

80

3-6

□ **capital increase** [kǽpətl inkríːs]	資本増加	
□ **capital reduction** [kǽpətl ridʌ́kʃən]	減資	
□ **dead end** [déd énd]	行き詰まり	
□ **budget cut** [bʌ́dʒit kʌ̀t]	予算削減	
□ **reduction** [ridʌ́kʃən]	縮小	削減 割引
□ **disadvantage** [dìsədvǽntidʒ]	損失	不利 不利益
□ **withdrawal** [wiðdrɔ́ː(ə)l]	撤退	引退 撤回
□ **achievement** [ətʃíːvmənt]	業績	達成 功績
□ **default** [difɔ́ːlt]	債務不履行	
□ **liquidation** [lìkwidéiʃən]	清算（倒産会社などの）	整理 返済

名詞

株市場

株の売買が盛んな **active market**

株の買いが進む **seller's market**

相場が上がると予測する **bull market**

株の売りが進む **buyer's market**

相場が下がると予測する **bear market**

活況な株取引の **broad market**

損得抜きで安売りする **dumping**

これ以上は下がらない株価の **floor**

株取引が終了した **closing price**

突然株価が下落する **slump**

3-7

☐ **active market** [ǽktiv máːrkit]	活発な市場	
☐ **seller's market** [sélərz máːrkit]	売り手市場	
☐ **bull market** [búl máːrkit]	強気市場	
☐ **buyer's market** [báiərz máːrkit]	買い手市場	
☐ **bear market** [béər máːrkit]	弱気市場	
☐ **broad market** [brɔ́ːd máːrkit]	大商い	
☐ **dumping** [dʌ́mpiŋ]	投げ売り	投げ捨て
☐ **floor** [flɔ́ːr]	底値	床 / 階
☐ **closing price** [klóuziŋ práis]	終わり値	
☐ **slump** [slʌ́mp]	暴落	不況 / 動暴落する

名詞

選挙

政治を実質的に支配する **regime**
レイジーム

政治の政権を担当する **the Government party**
ザ ガヴァンメント パーティ

政権の奪取をねらう **the Opposition**
ズィ アポズィション

地域ごとに分けられる選挙の **constituency**
コンスティチュエンスィ

選挙に立候補する **candidate**
キャンディデイト

選挙区で行う立候補者の **canvass**
キャンヴァス

聴衆に向かって行う **stump**
スタンプ

選挙日に行う有権者の **poll**
ポウル

投票で候補者名を書き込む **ballot**
バロット

選挙で大勝利する **landslide**
ラン(ドゥ)スライド

84

3-8

regime [reiʒíːm]	政権	制度 体制
the Government party [ðə gʌ́vərnmənt páːrti]	与党	
the Opposition [ði àpəzíʃən]	野党	
constituency [kənstítʃuənsi]	選挙区	
candidate [kǽndidèit]	立候補者	志願者
canvass [kǽnvəs]	選挙運動	注文取り 動を頼んで回る
stump [stʌmp]	選挙演説	切り株
poll [poul]	投票	選挙 動投票する
ballot [bǽlət]	投票用紙	無記名投票
landslide [lǽn(d)slàid]	圧勝	地滑り 山崩れ

形容詞

食べ物 1

いつまでも腐らない **durable** な食べ物

ちょうど食べごろの **mellow** なメロン

冬に食べておいしい **seasonal** な鍋料理

調味料を加えた **seasoned** な料理

食欲がそそられる **savory** な料理

口から吐き出す **awful** な料理；

油で炒めた **greasy** な料理

ベトナム人がつくる **exotic** な料理

一日に10食しかつくらない **limited** な料理

一流料理人がつくる **select** な料理

3-9

☐ **durable** [d(j)ú(ə)rəbl]	長持ちする	丈夫な
☐ **mellow** [mélou]	熟して甘い(果実などが)	豊かで美しい 円熟した (人・性格などが)
☐ **seasonal** [síːz(ə)nəl]	季節的な	季節の 季節によってかわる
☐ **seasoned** [síːznd]	味付けした	鍛えた 慣らした
☐ **savory** [séiv(ə)ri]	おいしそうな	味のよい 香りのよい
☐ **awful** [ɔ́ːfəl]	ひどくまずい	恐ろしい 非常に悪い
☐ **greasy** [gríːsi]	油っこい(食物などが)	油のついた 油に汚れた
☐ **exotic** [igzátik]	異国風の	外来の 外国産の
☐ **limited** [límitid]	限定された	限られた 特別の
☐ **select** [səlékt]	極上の	精選した 動 を選ぶ

形容詞
男女関係

お見合いで好感を持つ **acceptable**(アクセプタブル) な相手

両家とも医者の **coordinate**(コウオーディネト) な家柄

愛し合う男女の **reciprocal**(リスィプロカル) な関係

男女が取り交わした **marital**(マリトゥル) な約束

ぜいたくな結婚式にかける **excessive**(イクセスィヴ) な費用

人生経験を積んだ **mature**(マテュア) な人間

理想の夫婦としての **desirable**(ディザイ(ア)ラブル) な関係

仲むつまじい **matrimonial**(マトゥリモウニアル) な間柄

切っても切れない **intimate**(インティメト) な関係

夫婦で違う **respective**(リスペクティヴ) な価値観

3-10

☐ **acceptable** [əkséptəbl]	受け入れられる	容認できる 好ましい
☐ **coordinate** [kouɔ́ːrdənit]	同等の	同格の
☐ **reciprocal** [risíprəkəl]	お互いの	相互の
☐ **marital** [mǽrətl]	結婚の	
☐ **excessive** [iksésiv]	法外な	度を越した 過度の
☐ **mature** [mət(j)úər]	円熟した	熟した 動熟す
☐ **desirable** [dizái(ə)rəbl]	望ましい	好ましい
☐ **matrimonial** [mætrəmóuniəl]	夫婦の	結婚の
☐ **intimate** [íntəmit]	親しい	親密な 個人的な
☐ **respective** [rispéktiv]	それぞれの	めいめいの

SECTION 4

- 4-1 ● 生活動作 [動詞]
- 4-2 ● こころ1 [動詞]
- 4-3 ● 復讐 [動詞]
- 4-4 ● 病気1 [名詞]
- 4-5 ● 人4 [名詞]
- 4-6 ● 職業1 [名詞]
- 4-7 ● 相場 [名詞]
- 4-8 ● 行政 [名詞]
- 4-9 ● 商品1 [形容詞]
- 4-10 ● 有能なビジネスマン [形容詞]

動詞
生活動作

結ばれたひもを **undo** する
（アンドゥー）

ベルトをきつく **tighten** する
（タイトゥン）

テニスコートのネットを **strain** する
（ストゥレイン）

濡れたタオルを **wring** する
（リング）

力いっぱいバーベルを **heave** する
（ヒーヴ）

空き缶めがけて石を **hurl** する
（ハール）

重い箱をズルズルと **trail** する
（トゥレイル）

手のひらでからだを **rub** する
（ラブ）

ワッペンを服に **stitch** する
（スティッチ）

長いスカートの丈を **shorten** する
（ショートゥン）

4-1

☐ **undo** [ʌndúː]	をほどく	をもとに戻す をはずす
☐ **tighten** [táitn]	を締める	をきつくする 締まる
☐ **strain** [strein]	をぴんと張る	を極度に使う をこす
☐ **wring** [riŋ]	をしぼる	
☐ **heave** [hiːv]	を持ち上げる	を上げる(重い物) を投げる
☐ **hurl** [həːrl]	を強く投げる (めがけて)	
☐ **trail** [treil]	を引きずる	の跡を追う 图 跡
☐ **rub** [rʌb]	をこする	を摩擦する を磨く
☐ **stitch** [stitʃ]	を縫いつける	を縫う
☐ **shorten** [ʃɔ́ːrtn]	を短くする	を縮める

動詞

こころ 1

頼りない部下の能力を **depreciate** する

うるさい親の忠告を **disregard** する

幸せな隣の家庭を **envy** する

健康上の理由でお酒を **abstain** する

無理をせず適当なところで **compromise** する

ちょっとしたことでカッと **inflame** する

こころ打つ映画に **admire** する

大金持ちの生活に **aspire** する

苦労して育ててくれた親を **honor** する

覚悟を決めて自首することを **resolve** する

4-2

depreciate [diprí:ʃièit]	を見くびる	を軽視する
disregard [dìsrigá:rd]	を軽視する	を無視する
envy [énvi]	をうらやむ	图うらやみ
abstain [əbstéin]	慎む	棄権する 禁酒する
compromise [kámprəmàiz]	妥協する	图妥協
inflame [infléim]	興奮する	を憤激させる に火をつける
admire [ədmáiər]	に感嘆する	に感心する を賞賛する
aspire [əspáiər]	あこがれる	熱望する (高遠なものを)
honor [ánər]	を尊敬する	图名誉
resolve [rizálv]	決心する	を解決する

動詞

復讐

男、A氏を肌色の違いで **discriminate** する

罵声を浴びせ、A氏に **offend** する

A氏、不快な仕打ちを **incur** する

A氏、顔を真っ赤にし **rage** する

こころから男を **curse** する

復讐への感情を **kindle** する

A氏、男に **revenge** する

危険を承知で命を **risk** する

柱の陰で待ち伏せし男を **raid** する

ナイフで男の胸を **stab** する

4-3

discriminate [diskrímənèit]	差別する	を見分ける / を区別する
offend [əfénd]	に不快感を与える	の感情を害する / を怒らせる
incur [inkə́:r]	を受ける(不快な事)	を招く
rage [reidʒ]	激怒する	名 激しい怒り / 名 猛威
curse [kə:rs]	をのろう	名 のろい
kindle [kíndl]	をかきたてる(感情など)	を燃やす / 火がつく
revenge [rivéndʒ]	に復讐する	に報復する / 名 復讐
risk [risk]	をかける(生命など)	名 危険
raid [reid]	を襲う	を襲撃する / 名 襲撃
stab [stæb]	を刺す(刃物で)	

名詞

病気 1

暴飲暴食でなる **gastritis**（ギャストゥライティス）

カゼをこじらせてかかる **pneumonia**（ニュ(ー)モウニャ）

脳の機能に障害が起こる **stroke**（ストゥロウク）

ぜいたく病と言われる **diabetes**（ダイアビーティス）

性行為でかかる **venereal disease**（ヴェニ(ア)リアル ディズィーズ）

杉花粉が引き起こす **hay fever**（ヘイ フィーヴァ）

こころに病をきたす **mental disease**（メントゥル ディズィーズ）

次から次に感染する **epidemic**（エビデミク）

空気を介して感染する **aerial infection**（エ(ア)リアル インフェクション）

人との接触で感染する **contact infection**（カンタクト インフェクション）

98

4-4

☐ **gastritis** [gæstráitəs]	胃炎	
☐ **pneumonia** [n(j)u(:)móunjə]	肺炎	
☐ **stroke** [strouk]	脳卒中	打つこと 一かき（水泳などの）
☐ **diabetes** [dàiəbí:tis]	糖尿病	
☐ **venereal disease** [vəní(ə)riəl dizí:z]	性病	
☐ **hay fever** [héi fi:vər]	花粉症	
☐ **mental disease** [méntl dizí:z]	精神病	
☐ **epidemic** [èpədémik]	伝染病（広域に広がる）	
☐ **aerial infection** [ɛ́(ə)riəl infékʃən]	空気感染	
☐ **contact infection** [kántækt infékʃən]	接触感染	

名詞

人4

無能な政治家を操る **bureaucrat**
ビュ(ア)ロクラト

議会で意見を述べる上院の **senator**
セネタァ

下院の議会で熱弁をふるう **congressman**
カングレスマン

現在一線で活躍する **incumbent**
インカンベント

国民を正しくリードする **mentor**
メンタァ

神に仕え人々を導く **clergy**
クラ〜ディ

牧師としての生涯を歩む **clergyman**
クラ〜ディマン

カトリックの司祭の上に立つ **bishop**
ビショップ

聖なる場で祭儀を司る **priest**
プリースト

教会に礼拝する **laity**
レイイティ

4-5

□ **bureaucrat** [bjú(ə)rəkræt]	官僚(ふつう軽蔑的に)	官僚主義
□ **senator** [sénətər]	上院議員	
□ **congressman** [káŋgresmən]	下院議員	
□ **incumbent** [inkʌ́mbənt]	現職者	形現職の
□ **mentor** [méntər]	よき指導者	
□ **clergy** [klə́:rdʒi]	聖職者(集合的に)	
□ **clergyman** [klə́:rdʒimən]	聖職者(個人的に)	
□ **bishop** [bíʃəp]	司教	
□ **priest** [pri:st]	祭司	聖職者
□ **laity** [léiəti]	平信徒	俗人

名詞

職業 1

就職で選択する **vocation**
ヴォウケイション

医者や弁護士などの専門的な **profession**
プロフェション

長年の熟練を必要とする仕事としての **trade**
トゥレイド

自分の生涯をささげる仕事としての **career**
カリア

その仕事ゆえに病気になる **occupational disease**
アキュペイシ(ョ)ナル ディズィーズ

会社の事業で行う **undertaking**
アンダテイキング

部下に対して管理・監督する **managerial post**
マネヂ(エ)リアル ポウスト

なかなか就職先が見つからない **job shortage**
チャブ ショーテヂ

失業してもらう **unemployment compensation**
アニンプロイメント カンペンセイション

自分から進んで会社を辞める **voluntary retirement**
ヴァランテリィ リタイアメント

4-6

vocation [voukéiʃən]	職業(形式的)	天職 使命
profession [prəféʃən]	職業(知的で専門的な)	
trade [treid]	職業(手先の訓練などが必要な)	
career [kəríər]	職業(生涯の仕事として選んだ)	
occupational disease [ɑkjupéiʃ(ə)nəl dizíːz]	職業病	
undertaking [ʌ̀ndərtéikiŋ]	仕事	企業 引き受けた仕事
managerial post [mænədʒí(ə)riəl pòust]	管理職	
job shortage [dʒáb ʃɔ́ːrtidʒ]	就職難	
unemployment compensation [ʌnimplɔ́imənt kɑmpənséiʃən]	失業手当	
voluntary retirement [válənteri ritáiərmənt]	希望退職	

名詞

相場

投機的な取引における商品の **futures** 〔フューチャズ〕

先物を買う行為の **buying futures** 〔バイイング フューチャズ〕

先物で売買契約を結ぶ **futures deals** 〔フューチャズ ディールズ〕

物の市場価格を表す **market price** 〔マーケット プライス〕

株・公債・先物などの時価の **quotation** 〔クウォウテイション〕

相場の変動をねらって取引する **speculation** 〔スペキュレイション〕

投機に使う元の資金となる **capital** 〔キャピトゥル〕

将来の相場の変動を見る **prognosis** 〔プラグノウスィス〕

将来の先まで見越す **perspective** 〔パスペクティヴ〕

投機の失敗で被る莫大な **loss** 〔ロ(ー)ス〕

4-7

futures [fjú:tʃərz]	先物	
buying futures [báiiŋ fjú:tʃərz]	先物買い	
futures deals [fjú:tʃərz dì:lz]	先物取引	
market price [má:rkit pràis]	相場（一般的）	
quotation [kwoutéiʃən]	相場 （取引所の公示による）	
speculation [spèkjuléiʃən]	投機	推測 思惑
capital [kǽpətl]	元金	首都 資本金
prognosis [prɑgnóusis]	予測	予知
perspective [pərspéktiv]	展望	見通し 遠近画法
loss [lɔ(:)s]	損害（金銭的な）	失うこと 敗北

名詞

行政

経済の成長の割合を示す **economic growth rate** (イーコナミク グロウス レイト)

税金の制度を変更する **tax reform** (タックス リフォーム)

企業を税制面でサポートする **tax break** (タックス ブレイク)

銀行の破綻を阻止する **remedy** (レメディ)

企業の育成で補助する **subsidy** (サブスィディ)

優秀な人材の助成で拠出する **bounty** (バウンティ)

国家が目指す豊かな **welfare state** (ウェルフェア ステイト)

政府が人口を調べる **census** (センサス)

友好国との経済における **economic cooperation** (イーコナミク コウアペレイション)

処分して民間に売却する **national property** (ナシ(ョ)ナル プラパティ)

4-8

☐ **economic growth rate** [iːkənámik gróuθ rèit]	経済成長率	
☐ **tax reform** [tæks rifɔ́ːrm]	税制改革	
☐ **tax break** [tæks brèik]	税制優遇措置	
☐ **remedy** [rémədi]	救済策	治療 動を治療する
☐ **subsidy** [sʌ́bsədi]	補助金	助成金
☐ **bounty** [báunti]	奨励金	助成金 懸賞金
☐ **welfare state** [wélfèər stèit]	福祉国家	
☐ **census** [sénsəs]	国勢調査	人口調査
☐ **economic cooperation** [iːkənámik kouɑpəréiʃən]	経済協力	
☐ **national property** [næʃ(ə)nəl prápərti]	国有財産	

形容詞

商品 1

貧乏人でも買える **inexpensive** な商品

ゴミとして処分される **worthless** な商品

使用中に故障する **deficient** な商品

100円ライターのような **disposable** な商品

何にでも使える **versatile** な商品

鑑定書のついた **authentic** な商品

若者の間で人気のある **in** な商品

目が飛び出るほど高価な **prohibitive** な商品

店頭に飾られた **conspicuous** な商品

飛行機の機内で販売される **tax-exempt** な商品

4-9

☐ **inexpensive** [ìnikspénsiv]	安い	安価な
☐ **worthless** [wə́:rθlis]	価値のない	役に立たない
☐ **deficient** [difíʃənt]	欠陥のある	不完全な
☐ **disposable** [dispóuzəbl]	使い捨てにできる	自由に使える
☐ **versatile** [və́:rsətl]	用途が広い	多才の 何でもできる
☐ **authentic** [ɔ:θéntik]	本物の	
☐ **in** [in]	流行の	中にいる 人気のある
☐ **prohibitive** [prouhíbətiv]	法外に高い(値段が)	禁止の
☐ **conspicuous** [kənspíkjuəs]	人目につく	顕著な
☐ **tax-exempt** [tǽks igzèmpt]	免税の	

形容詞
有能なビジネスマン

腰の低い **modest**〔マデスト〕なビジネスマン

洗練された動きの **brisk**〔ブリスク〕なビジネスマン

やることがすばやい **swift**〔スウィフト〕なビジネスマン

約束の時間を守る **punctual**〔パン(ク)チュアル〕なビジネスマン

自分から進んで行動する **voluntary**〔ヴァランテリィ〕なビジネスマン

仕事が生き甲斐の **zealous**〔ゼラス〕なビジネスマン

頭脳明晰であなどれない **shrewd**〔シルード〕なビジネスマン

会社の期待を担う **competent**〔カンペテント〕なビジネスマン

存在感がみなぎる **striking**〔ストゥライキング〕なビジネスマン

将来を約束された **promising**〔プラミスィング〕なビジネスマン

4-10

☐ **modest** [mádist]	謙虚な	控えめの
☐ **brisk** [brisk]	きびきびした (動作・人などが)	元気のよい 活気のある
☐ **swift** [swift]	迅速な	速い
☐ **punctual** [páŋ(k)tʃuəl]	時間に正確な	時間を厳守する
☐ **voluntary** [váləntèri]	自発的な	
☐ **zealous** [zéləs]	熱心な	熱中した 熱狂的な
☐ **shrewd** [ʃru:d]	抜け目のない	明敏な
☐ **competent** [kámpətənt]	有能な	力量のある 満足のいく
☐ **striking** [stráikiŋ]	際立った	目立つ 著しい
☐ **promising** [prámisiŋ]	前途有望な	見込みのある

SECTION 5

5-1 ● 子供の動作 [動詞]

5-2 ● マイナスのこころ 1 [動詞]

5-3 ● 犯罪 1 [動詞]

5-4 ● 病気 2 [名詞]

5-5 ● 人 5 [名詞]

5-6 ● 雇用 [名詞]

5-7 ● 不景気 [名詞]

5-8 ● 国政 [名詞]

5-9 ● 場所 [形容詞]

5-10 ● 嫌われる人間 [形容詞]

動詞

子供の動作

寝起きが悪くうつらうつらと **slumber** する

カゼの予防でガラガラと **gargle** する

乗り物酔いして食べ物を **vomit** する

醤油をこぼし服に **blot** する

お絵描きで服を **stain** する

シャツの袖をくるくると **tuck** する

落胆し肩を **shrug** する

いすに腰掛け足を **dangle** する

広い道路を急いで **traverse** する

深い雪の境内を **wade** する

5-1

□ **slumber** [slʌ́mbər]	まどろむ	うつらうつらする 名まどろみ
□ **gargle** [gáːrgl]	うがいをする	名うがい 名うがい薬
□ **vomit** [vɑ́mit]	吐く	もどす (食べ物などを) 名へど
□ **blot** [blɑt]	染みをつける	を汚す (名誉など) 名染み
□ **stain** [stein]	を汚す	を傷つける (評判など) 名汚れ
□ **tuck** [tʌk]	をまくる	
□ **shrug** [ʃrʌg]	をすくめる (肩)	
□ **dangle** [dǽŋgl]	ぶらりとたれる	をぶらさげる
□ **traverse** [trǽvə(ː)rs]	を横切る	を横切っている (橋・川などが)
□ **wade** [weid]	歩いて通る	骨折って歩く

動詞

マイナスのこころ 1

口先だけの人間を **discredit** する
（ディスクレディト）

突然の親の死を **mourn** する
（モーン）

失恋でこころ傷め **grieve** する
（グリーヴ）

出来の悪い息子を **lament** する
（ラメント）

マナーのない若者を **deplore** する
（ディプロー(ァ)）

やってしまった過ちを **repent** する
（リペント）

不注意で犯した事故を **regret** する
（リグレット）

名誉を失墜し人生に **despair** する
（ディスペア）

電車で痴漢する男性を **scorn** する
（スコーン）

自分のことしか考えない人間を **despise** する
（ディスパイズ）

5-2

□ **discredit** [diskrédit]	を信用しない	
□ **mourn** [mɔːrn]	を悲しむ（人の死など）	悲しむ 嘆く
□ **grieve** [griːv]	悲しむ（深く）	を悲しませる
□ **lament** [ləmént]	を嘆く	を悲しむ 名悲嘆
□ **deplore** [diplɔ́ːr]	を嘆かわしく思う	を遺憾に思う
□ **repent** [ripént]	を後悔する（文語的）	
□ **regret** [rigrét]	を後悔する（意味がやや重い）	残念に思う 名残念
□ **despair** [dispéər]	絶望する	名絶望
□ **scorn** [skɔːrn]	を軽蔑する（本能的な嫌悪感で）	
□ **despise** [dispáiz]	を軽蔑する（感情的な嫌悪感で）	をさげすむ を見くびる

動詞

犯罪 1

口からでまかせで人を **deceive** する

うまい話で素人を **cheat** する

刃物をちらつかせ店主を **bluff** する

言葉巧みにお金を **swindle** する

宝石店から高価なダイヤを **rob** する

社長を失脚させ権力を **deprive** する

人気のない暗闇で通行人に **assault** する

裕福な資産家の子供を **kidnap** する

ロープで若い独身の女性を **strangle** する

毒物を飲ませ大統領を **assassinate** する

5-3

☐ **deceive** [disíːv]	をだます (嘘を信じこませる)	を欺く
☐ **cheat** [tʃiːt]	をだます (利益を得るために)	カンニングをする 名ペテン師
☐ **bluff** [blʌf]	を虚勢をはっておどす	をはったりでだます はったりをかける
☐ **swindle** [swíndl]	をだまし取る (お金など)	をだます 名詐欺
☐ **rob** [rɑb]	を奪う(不法な手段で)	略奪する
☐ **deprive** [dipráiv]	を奪う (物・権力・機会など)	
☐ **assault** [əsɔ́ːlt]	に暴行を加える	を急襲する 名攻撃
☐ **kidnap** [kídnæp]	を誘拐する	
☐ **strangle** [stræŋgl]	を絞め殺す	を抑えつける (欲望など)
☐ **assassinate** [əsæsənèit]	を暗殺する	

名詞

病気 2

血の引いた青ざめた **complexion**
（コンプレクション）

めまいでクラクラとする **anemia**
（アニーミア）

栄養の不足でなる **malnutrition**
（マルニュートゥリション）

病気が引き起こす様々な **symptom**
（スィン(プ)トン）

神経障害による手足の **paralysis**
（パラリスィス）

身体を強く打つ **bruise**
（ブルーズ）

ケガで残る皮膚の **scar**
（スカー）

退院後も引きずるケガの **aftereffect**
（アフタリフェクト）

呼吸停止で施す **artificial respiration**
（アーティフィシャル レスピレイション）

感染の予防で注射する **vaccination**
（ヴァクスィネイション）

5-4

☐ **complexion** [kəmplékʃən]	顔色	
☐ **anemia** [əníːmiə]	貧血	
☐ **malnutrition** [mæln(j)uːtríʃən]	栄養失調	栄養不足
☐ **symptom** [sím(p)təm]	症状	兆候 きざし
☐ **paralysis** [pərǽləsis]	麻痺	中風 無力
☐ **bruise** [bruːz]	打撲傷	動 打撲傷を負わせる
☐ **scar** [skɑːr]	傷跡	動 傷跡をつける
☐ **aftereffect** [ǽftərifèkt]	後遺症	副作用 なごり
☐ **artificial respiration** [ɑːrtəfíʃəl respəréiʃən]	人工呼吸	
☐ **vaccination** [væksənéiʃən]	予防接種	ワクチン注射 種痘

名詞

人5

国をこよなく愛する **patriot**
ペイトゥリオト

住民によって編成された **militia**
ミリシァ

ジャングルに潜む部隊の **guerrilla**
ゲリラ

部隊の隊員を指揮する **sergeant**
サーヂェント

他国に侵入し略奪する **aggressor**
アグレサァ

クーデターに参加する **insurgent**
インサ〜ヂェント

社会の混乱で暴れる **mob**
マブ

プラカードをかかげて詰め寄る **protester**
プロテスタァ

政府に背き転覆を企てる **rebel**
レベル

戦禍を逃れて流浪する **refugee**
レフュチー

5-5

☐ **patriot** [péitriət]	愛国者	
☐ **militia** [məlíʃə]	民兵	義勇軍 国民軍
☐ **guerrilla** [gərílə]	ゲリラ	遊撃兵
☐ **sergeant** [sá:rdʒənt]	軍曹	巡査部長
☐ **aggressor** [əgrésər]	侵略者	
☐ **insurgent** [insə́:rdʒənt]	反乱軍の兵士	反乱者 暴徒
☐ **mob** [mɑb]	暴徒	暴民 野次馬
☐ **protester** [prətéstər]	抗議者	主張者
☐ **rebel** [réb(ə)l]	反逆者	
☐ **refugee** [rèfjudʒí:]	難民	亡命者 逃亡者

名詞

雇用

就職先を探し求める **job seeking**

会場で求職者と面談する **job festival**

雇用で結ぶ社員との **employment contract**

雇用契約における様々な **employment conditions**

企業が労働者を全員雇用する **full employment**

政府が着手する失業者への **employment policy**

失業者に支払われる **unemployment insurance**

キャリアで賃金に差が出る **wage disparity**

労働者が要求する給料の **wage hike**

これ以上は下がらない賃金の **minimum wages**

5-6

☐ **job seeking** [dʒáb sì:kiŋ]	求職	
☐ **job festival** [dʒáb fèstəv(ə)l]	就職説明会	
☐ **employment contract** [implɔ́imənt kántrækt]	雇用契約	
☐ **employment conditions** [implɔ́imənt kəndíʃənz]	雇用条件	
☐ **full employment** [fúl implɔ́imənt]	完全雇用	
☐ **employment policy** [implɔ́imənt pάləsi]	失業対策	
☐ **unemployment insurance** [ʌnimplɔ́imənt inʃú(ə)rəns]	失業保険	
☐ **wage disparity** [wéidʒ dispǽrəti]	賃金格差	
☐ **wage hike** [wéidʒ hàik]	賃上げ	
☐ **minimum wages** [mínəməm wéidʒiz]	最低賃金	

125

名詞

不景気

景気が減速する **slowdown** (スロウダウン)

景気が停滞する **recession** (リセション)

悪い結果がまた悪い結果をもたらす **vicious circle** (ヴィシャス サ〜クル)

景気が安定しない **instability** (インスタビリティ)

不景気が吹き荒れる **stagnation** (スタグネイション)

物価が下落する **price tumble** (プライス タンブル)

経済が破綻に直面する **economic crisis** (イーコナミク クライスィス)

企業や銀行が連鎖倒産する **panic** (パニク)

政府の市場への大々的な **intervention** (インタヴェンション)

景気が徐々に上向く **business recovery** (ビズネス リカヴァリィ)

5-7

slowdown [slóudáun]	景気減退	停滞 サボタージュ
recession [riséʃən]	不景気	後退 一時的な景気の後退
vicious circle [víʃəs sə́ːrkl]	悪循環	
instability [ìnstəbíləti]	不安定	不確定 移り気
stagnation [stægnéiʃən]	不況	よどみ 沈滞
price tumble [práis tʌ̀mbl]	物価下落	
economic crisis [iːkənámik kráisis]	経済危機	
panic [pǽnik]	恐慌	パニック 大混乱
intervention [ìntərvénʃən]	介入	調停 仲裁
business recovery [bíznis rikʌ́v(ə)ri]	景気回復	

名詞

国政

国の豊かさを表示する **gross national product**

今後の経済動向を解析する **economic analysis**

国家が税金などで得る **revenue**

国家予算で支出する **expenditure**

財政の支出が歳入を上回る **red-ink finance**

税金収入の激減による **financial difficulty**

不安定な歳入による国家の **financial standing**

支出を減らさなければならない **fiscal situation**

歳出を減らす **deficit reduction**

財政再建の成功による **surplus**

5-8

☐ **gross national product** [gróus nǽʃ(ə)nəl prádəkt]	国民総生産	
☐ **economic analysis** [i:kənámik ənǽləsis]	経済分析	
☐ **revenue** [révən(j)ù:]	歳入（国家の）	税収入 収益
☐ **expenditure** [ikspénditʃər]	歳出	支出 消費
☐ **red-ink finance** [réd iŋk finǽns]	赤字財政	
☐ **financial difficulty** [finǽnʃəl dífikəlti]	財政難	
☐ **financial standing** [finǽnʃəl stǽndiŋ]	財政状態	
☐ **fiscal situation** [fískəl sitʃuéiʃən]	財政事情	
☐ **deficit reduction** [défisit ridʌ́kʃən]	赤字削減	
☐ **surplus** [sə́:rpləs]	黒字	余剰 過剰

形容詞

場所

まっすぐに伸びる **linear**(リニア) な道路

一度入ったら出られない **complicated**(カンプリケイティド) な迷路

一軒だけ丘の上に建つ **detached**(ディタッチト) な家

神々が祭られた **holy**(ホウリィ) な神社

16世紀に建てられた **medieval**(ミーディイーヴァル) な建物

人口密度の濃い **dense**(デンス) な町

石が高く積み上げられた **immense**(イメンス) なピラミッド

標高6000メートルもある **lofty**(ロ(ー)フティ) な山

縄文時代における **primeval**(プライミーヴ(ァ)ル) な遺跡

草一本生えない **bleak**(ブリーク) な大地

5-9

単語	意味1	意味2
linear [líniər]	直線の	線の／線上の
complicated [kámpləkèitid]	複雑な	込み入った／面倒な
detached [ditǽtʃt]	離れた	分離した／孤立した
holy [hóuli]	神聖な	信心深い
medieval [mì:dií:v(ə)l]	中世の	中世風の
dense [dens]	密集した(人・物が)	濃い(液体などが)／愚鈍な
immense [iméns]	巨大な	多大の
lofty [lɔ́(:)fti]	非常に高い(文語的)	そびえ立つ／高尚な
primeval [praimí:v(ə)l]	原始時代の	太古の／初期の
bleak [bli:k]	荒涼とした	吹きさらしの／寒々とした

形容詞
嫌われる人間

礼儀をわきまえない **rude**(ルード) な人間

平気で嘘をつく **dishonest**(ディスアネスト) な人間

善人らしく装う **hypocritical**(ヒポクリティカル) な人間

皆を不機嫌にさせる **unpleasant**(アンプレズント) な人間

鼻持ちならない **offensive**(オフェンスィヴ) な人間

憎しみをあらわにする **hostile**(ハストゥル) な人間

何かと難癖をつける **critical**(クリティカル) な人間

一銭の金も施さない **greedy**(クリーディ) な人間

血も涙もない **grim**(グリム) な人間

人を刃物で切り刻む **brutal**(ブルートゥル) な人間

5-10

☐ **rude** [ruːd]	失礼な	無作法な
☐ **dishonest** [disánist]	不正直な	
☐ **hypocritical** [hìpəkrítikəl]	偽善の	
☐ **unpleasant** [ʌnpléz(ə)nt]	不愉快な	嫌な
☐ **offensive** [əfénsiv]	しゃくにさわる	不快な 無礼な
☐ **hostile** [hástl]	敵意に満ちた	敵の 反対の
☐ **critical** [krítikəl]	批判的な	批評の 危機の
☐ **greedy** [gríːdi]	欲の深い	
☐ **grim** [grim]	冷酷な	ぞっとするような 断固たる
☐ **brutal** [brúːtl]	残忍な	冷酷な

SECTION 6

- 6-1 ● 学生 [動詞]
- 6-2 ● 邪心 [動詞]
- 6-3 ● 裁判1 [動詞]
- 6-4 ● 書籍 [名詞]
- 6-5 ● 悪人 [名詞]
- 6-6 ● 言葉1 [名詞]
- 6-7 ● ローン [名詞]
- 6-8 ● 産業 [名詞]
- 6-9 ● 部屋 [形容詞]
- 6-10 ● マイナスの人間 [形容]

動詞

学生

登校で通学路を **tread** する
（トゥレッド）

急ぎぎみに **stride** する
（ストゥライド）

英語のテキストを **scan** する
（スキャン）

英語の単語帳を **flip** する
（フリップ）

何度も英語の単語を **recite** する
（リサイト）

頭が回らず記憶を **blur** する
（ブラ〜）

なかなか覚えられず **frown** する
（フラウン）

太陽の光が学生の目を **dazzle** する
（ダズル）

目をパチクリと **blink** する
（ブリンク）

肩を落とし細い道を **trudge** する
（トゥラッヂ）

6-1

☐ **tread** [tred]	を歩く	を通る を踏む
☐ **stride** [straid]	大またに歩く	またいで越える 名 大またの一歩
☐ **scan** [skæn]	をざっと見る (本・記事など)	をよく調べる をじっと見る
☐ **flip** [flip]	をパラパラめくる	を爪ではじく をぽいっと投げる
☐ **recite** [risáit]	を暗唱する	を朗読する
☐ **blur** [blə:r]	をぼやけさせる (景色・記憶など)	を曇らす ぼやける
☐ **frown** [fraun]	眉をひそめる	名 しかめっ面
☐ **dazzle** [dǽzl]	の目をくらませる	をまばゆくさせる 名 きらきらする光
☐ **blink** [bliŋk]	まばたきする	またたく ぴかぴか光る
☐ **trudge** [trʌdʒ]	とぼとぼ歩く	重い足取りで歩く

動詞

邪心

でしゃばってあれこれと **intervene** する

人知れず陰で悪いことを **contrive** する

陰で社長の失脚を **maneuver** する

人に悪いことを **abet** する

何も知らない友人を陰謀に **implicate** する

純真な親友を悪の道に **lure** する

それとなく殺意を **imply** する

証拠を隠ぺいし悪事を **cloak** する

こっそりと企業の機密を **disclose** する

平気で人の信頼を **betray** する

6-2

□ **intervene** [ìntərvíːn]	おせっかいする	邪魔に入る 仲裁をする
□ **contrive** [kəntráiv]	を企む	を計略する を考案する
□ **maneuver** [mənúːvər]	を画策する	工作する を巧みに操る
□ **abet** [əbét]	をそそのかす (文語的)	
□ **implicate** [ímpləkèit]	に関係させる (陰謀など)	
□ **lure** [l(j)úər]	を誘惑する	におびき寄せる
□ **imply** [implái]	をほのめかす	を(暗に)意味する
□ **cloak** [klouk]	を覆い隠す	名口実 名マント
□ **disclose** [disklóuz]	を漏らす (文語的)	を打ち明ける をあらわにする
□ **betray** [bitréi]	を裏切る	を暴露する

動詞

裁判 1

検察官、被告Aを殺人容疑で **indict**(インダイト) する

検察官、法廷で被告の犯罪を **verify**(ヴェリファイ) する

被告、自分の嫌疑を **contradict**(カントゥラディクト) する

弁護士、被告を **plead**(プリード) する

弁護士、被告の無実を **vindicate**(ヴィンディケイト) する

検察官、裁判長に証拠を **submit**(サブミット) する

被告、犯行の事実を **testify**(テスティファイ) する

裁判長、被告に **sentence**(センテンス) する

裁判長、十分な証拠で被告を **condemn**(コンデム) する

裁判長、被告に懲役10年の刑を **inflict**(インフリクト) する

6-3

indict [indáit]	を起訴する	
verify [vérəfài]	を立証する	を確かめる
contradict [kàntrədíkt]	を否定する(陳述・人など)	
plead [pli:d]	を弁護する	嘆願する / 弁論する
vindicate [víndəkèit]	の潔白を立証する	の正しさを立証する
submit [səbmít]	を提出する(書類など)	
testify [téstəfài]	を証言する	供述する / 証明する
sentence [séntəns]	に判決を下す	名 文 / 名 宣告
condemn [kəndém]	を有罪と判決する	を責める / をとがめる
inflict [inflíkt]	を課す(罰など)	を与える(苦痛など)

名詞

書籍

本の見栄えを左右する **binding**（バインディング）

本棚に並ぶ本の **spine**（スパイン）

子供に読み聞かせする **picture book**（ピクチァブック）

写真だけを編集した **photograph collection**（フォゥトグラフ コレクション）

犯人の謎を解く **detective story**（ディテクティヴ ストーリィ）

個人の生涯をつづった **biography**（バイアグラフィ）

自分の生涯を記した **autobiography**（オートバイアグラフィ）

役者が覚える映画の **script**（スクリプト）

人に感動と涙を与える **masterpiece**（マスタピース）

あらゆる情報が網羅された **encyclopedia**（エンサイクロピーディア）

6-4

☐ **binding** [báindiŋ]	装丁	製本 表紙
☐ **spine** [spain]	背表紙	背骨 脊柱
☐ **picture book** [píktʃər buk]	絵本	
☐ **photograph collection** [fóutəgræf kəlékʃən]	写真集	
☐ **detective story** [ditéktiv stɔ́:ri]	推理小説	
☐ **biography** [baiágrəfi]	伝記	
☐ **autobiography** [ɔ̀:təbaiágrəfi]	自伝	自叙伝
☐ **script** [skript]	脚本	台本 手書き
☐ **masterpiece** [mǽstərpì:s]	名作	傑作
☐ **encyclopedia** [insàikləpí:diə]	百科事典	

名詞

悪人

近所に不快感をまき散らす **nuisance**
ニュースンス

禁止地区で猟をする **poacher**
ポウチァ

人の身ぐるみをはぎ取る **mugger**
マガァ

刑事事件をひき起こす **offender**
オフェンダァ

犯罪の片棒を担ぐ **confederate**
コンフェデレト

資産家の子供を連れ去る **kidnaper**
キドゥナパァ

死刑の宣告を受けた **felon**
フェロン

刑務所に服役する **convict**
カンヴィクト

刑務所を脱獄する **prison breaker**
プリズン ブレイカァ

警察の追跡を逃れる **fugitive**
フューヂティヴ

6-5

nuisance [n(j)úːsns]	迷惑な人	迷惑
poacher [póutʃər]	密猟者	密猟者
mugger [mʌ́gər]	追いはぎ	強盗
offender [əféndər]	犯罪者	違反者
confederate [kənféd(ə)rət]	共犯者	名同盟国 形同盟に加わっている
kidnaper [kídnæpər]	誘拐者	
felon [félən]	重罪犯人	
convict [kánvikt]	囚人	罪人
prison breaker [prízn bréikər]	脱獄囚	
fugitive [fjúːdʒətiv]	逃亡者	逃走者 避難民

名詞

言葉 1

地域によって違う特有の **dialect**
(ダイアレクト)

だらだらと話す **idle talk**
(アイドゥル トーク)

何の意味もないばかな **nonsense**
(ナンセンス)

寝ながらムニャムニャと話す **sleeper's talk**
(スリーパァズ トーク)

おべっかを使って話す **flattery**
(フラタリィ)

遠回しに嫌味を言う **sarcasm**
(サーキャズム)

こころから賞讃する **compliment**
(カンプリメント)

祝賀会のステージで述べる **salutation**
(サリュテイション)

上司が部下に与える **counsel**
(カウンスル)

美しく装飾された賛辞の **rhetoric**
(レトリク)

6-6

dialect [dáiəlekt]	方言	
idle talk [áidl tɔ́:k]	むだ話	
nonsense [nánsens]	たわごと	無意味
sleeper's talk [slí:pərz tɔ́:k]	寝言	
flattery [flǽtəri]	お世辞	へつらい
sarcasm [sá:rkæzm]	皮肉	嫌味 風刺
compliment [kámpləmənt]	賛辞	誉め言葉
salutation [sæ̀ljutéiʃən]	挨拶の言葉	挨拶の文句
counsel [káuns(ə)l]	助言	忠告 弁護士
rhetoric [rétərik]	美辞麗句	雄弁

名詞

ローン

長期間お金を貸し付ける **long-term loan**
ロ(ー)ンク・ターム ロウン

短期間しかお金を貸し付けない **short-term loan**
ショート・ターム ロウン

お金の貸し付けでつける利子の **interest rate**
インタレスト レイト

元金100円に対する一日分の **daily interest**
デイリィ インタレスト

一年を単位としての利息の **annual interest**
アニュアル インタレスト

預金を引き下ろす **withdrawal**
ウィズドゥロー(ァ)ル

担保なしで貸し付けする **unsecured loan**
アンセキュアド ロウン

貸し付けで焦げついた **frozen credit**
フロウズン クレディト

カードで貸し付けする **credit card loan**
クレディト カード ロウン

個人的に破産する **voluntary bankruptcy**
ヴァランテリィ バンクラプシィ

6-7

☐ **long-term loan** [lɔ́(:)ŋ tè:rm lóun]	長期貸付	
☐ **short-term loan** [ʃɔ́:rt tè:rm lóun]	短期貸付	
☐ **interest rate** [ínt(ə)rist rèit]	金利	
☐ **daily interest** [déili ínt(ə)rist]	日歩	
☐ **annual interest** [ǽnjuəl ínt(ə)iəst]	年利	
☐ **withdrawal** [wiðdrɔ́:(ə)l]	預金引出し	撤回 取り消し
☐ **unsecured loan** [ʌ̀nsikjúərd lóun]	無担保ローン	
☐ **frozen credit** [fróuzn krédit]	焦げつき貸し金	
☐ **credit card loan** [krédit ká:rd lóun]	カードローン	
☐ **voluntary bankruptcy** [vάlənteri bǽŋkrʌp(t)si]	自己破産	

名詞

産業

18世紀にイギリスで起こった **the Industrial Revolution**

利潤の追求を目指す **capitalism**

農業・林業・水産業などの **primary industry**

製造・加工を中心とした **secondary industry**

商業・サービス業などの **tertiary industry**

急成長する産業の **growth industry**

市場の拡大による **economic growth**

経済成長による国家の **development**

一つの企業で牛耳る市場の **monopoly market**

私的独占を禁止する **the Monopoly Prohibition Law**

6-8

☐ the Industrial Revolution [ði indʌ́striəl revəlúːʃən]	産業革命	
☐ capitalism [kǽpətəlìzm]	資本主義	
☐ primary industry [práiməri índəstri]	第一次産業	
☐ secondary industry [sék(ə)nderi índəstri]	第二次産業	
☐ tertiary industry [tə́ːrʃieri índəstri]	第三次産業	
☐ growth industry [gróuθ índəstri]	成長産業	
☐ economic growth [iːkənámik gróuθ]	経済成長	
☐ development [divéləpmənt]	発展	発達 開発
☐ monopoly market [mənápəli máːrkit]	独占市場	
☐ the Monopoly Prohibition Law [ðə mənápəli prou(h)əbíʃən lɔ́ː]	独占禁止法	

151

形容詞

部屋

借り手のいない **vacant**(ヴェイカント) な部屋

何年も空き家の **deserted**(ディザ〜ティド) な部屋

掃除が行き届いた **neat**(ニート) な部屋

散らかしっぱなしの **untidy**(アンタイディ) な部屋

スペースのゆったりとした **ample**(アンプル) な部屋

およそ100畳はある **spacious**(スペイシャス) な部屋

日当たりのいい **cozy**(コウズィ) な部屋

すぐにでも抜け出したくなる **uncomfortable**(アンカンファタブル) な部屋

豆電球だけが灯る **gloomy**(グルーミィ) な部屋

洪水で浸水した **soggy**(サギィ) な部屋

152

6-9

☐ **vacant** [véik(ə)nt]	空いている (場所・家などが)	空席の うつろな
☐ **deserted** [dizə́ːrtid]	人が住んでいない	人通りのない
☐ **neat** [niːt]	きちんとした (きれいに整った)	こざっぱりした 上手な
☐ **untidy** [ʌntáidi]	乱雑な	だらしがない
☐ **ample** [ǽmpl]	広い	
☐ **spacious** [spéiʃəs]	広々とした	広大な
☐ **cozy** [kóuzi]	暖かくて居心地のよい	
☐ **uncomfortable** [ʌnkʌ́mfərtəbl]	居心地が悪い	
☐ **gloomy** [glúːmi]	薄暗い	陰気な 憂うつな
☐ **soggy** [sági]	水浸しの(地面などが)	

形容詞

マイナスの人間

動きがスローで **slack**(スラック) な人間

財布に一銭もない **penniless**(ペニレス) な人間

精神的に幼稚な **juvenile**(デューヴ(ェ)ナル) な人間

自分から行動できない **passive**(パスィヴ) な人間

挨拶しても知らん顔の **blunt**(ブラント) な人間

人として平凡で **trivial**(トゥリヴィアル) な人間

お坊ちゃん育ちで **naive**(ナーイーヴ) な人間

誘惑にすぐ負けてしまう **vulnerable**(ヴァルネラブル) な人間

人の不幸をほくそ笑む **vicious**(ヴィシャス) な人間

何事にも疑ってかかる **watchful**(ワチフル) な人間

slack [slæk]	のろい	ゆるんだ 怠惰な
penniless [pénilis]	文なしの	金のない 無一文の
juvenile [dʒúːv(ə)nəl]	子供っぽい (軽蔑的に)	未熟な
passive [pǽsiv]	受け身の	消極的な 活動的でない
blunt [blʌnt]	そっけない	ぶっきらぼうな 鈍い
trivial [tríviəl]	つまらない	平凡な 普通の
naive [nɑːíːv]	世間知らずの	純真な 無邪気な
vulnerable [vʌ́ln(ə)rəbl]	弱い(誘惑に)	非難攻撃されやすい 弱点のある
vicious [víʃəs]	意地の悪い	悪意のある ひどい
watchful [wátʃfəl]	用心深い	警戒している 油断のない

SECTION 7

- 7-1 ● 日常生活 [動詞]
- 7-2 ● マスコミ [動詞]
- 7-3 ● 戦闘 [動詞]
- 7-4 ● 学校 [名詞]
- 7-5 ● 犯罪 2 [名詞]
- 7-6 ● 意見 1 [名詞]
- 7-7 ● ビジネス 1 [名詞]
- 7-8 ● 不動産 [名詞]
- 7-9 ● 生活 [形容詞]
- 7-10 ● レベル [形容詞]

動詞

日常生活

毎朝電車に乗って **commute** する

大切な書類を家に **misplace** する

お店をブラブラし **browse** する

生活費を稼ぐため夜も **moonlight** する

アルバイトに人材派遣会社を **utilize** する

その派遣会社に履歴書を **tender** する

フィットネスクラブに **enroll** する

雑誌を定期購読したくて **subscribe** する

明日搭乗する飛行機の予約を **reconfirm** する

大家に家賃の引き下げを **petition** する

7-1

☐ **commute** [kəmjú:t]	通勤する	定期券で通う
☐ **misplace** [mìspléis]	を置き忘れる	の置き場所を誤る
☐ **browse** [brauz]	品物をのぞく	ひやかす 本を拾い読みする
☐ **moonlight** [mú:nlàit]	アルバイトをする (本職を持つ人が)	
☐ **utilize** [jú:təlàiz]	を利用する	
☐ **tender** [téndər]	を提出する	を差し出す を申し出る
☐ **enroll** [inróul]	入会する	入隊する 入学する
☐ **subscribe** [səbskráib]	予約(購読)する	
☐ **reconfirm** [ri:kənfá:rm]	を再確認する(予約など)	
☐ **petition** [pətíʃən]	に嘆願する	图請願書 图嘆願書

動詞

マスコミ

資料を集め百科事典を **compile** する

原稿に誤字がないか **proofread** する

出版された図書の内容を **revise** する

記載された情報を入れ替え **update** する

言葉で自然の情景を **describe** する

シェークスピアの名言を **cite** する

活字を通して大衆に情報を **transmit** する

週刊誌で有名人の秘密を **uncover** する

無能な政治家をばっさりと **criticize** する

デマを流し世論を **manipulate** する

7-2

☐ **compile** [kəmpáil]	を編集する(辞書など)	
☐ **proofread** [prú:frì:d]	校正をする	
☐ **revise** [riváiz]	を改訂する(本など)	
☐ **update** [ʌpdéit]	を最新のものにする(情報など)	
☐ **describe** [diskráib]	を描写する(文や絵で)	
☐ **cite** [sait]	を引用する(文章・句など)	を挙げる(例)
☐ **transmit** [trænsmít]	を伝える(知識・情報など)	を送る を伝導する(光・熱など)
☐ **uncover** [ʌnkʌ́vər]	を暴露する(秘密など)	を打ち明ける を取る(ふた)
☐ **criticize** [krítəsàiz]	を批評する	を非難する
☐ **manipulate** [mənípjulèit]	を操作する	を巧みに繰る を手で巧みに扱う

動詞

戦闘

敵の陣営に侵入し様子を **scout** する
スカウト

部隊が敵陣営を **beset** する
ビセット

ロケット弾を **launch** する
ラーンチ

主要拠点を爆弾で **bomb** する
バム

一斉掃射で敵陣を **assail** する
アセイル

部隊が敵陣に **plunge** する
プランヂ

圧倒的な軍事力で敵陣を **overpower** する
オウヴァパウア

敵陣営は白旗を揚げ **surrender** する
サレンダァ

戦闘は拡大しついに相手国を **subdue** する
サブデュー

敵国の上層部を **purge** する
パーヂ

7-3

☐ **scout** [skaut]	偵察する	スカウトする 名ボーイスカウト
☐ **beset** [bisét]	を包囲する	
☐ **launch** [lɑ:ntʃ]	を発射する	を推進させる
☐ **bomb** [bɑm]	を爆撃する	名爆弾
☐ **assail** [əséil]	を猛烈に攻撃する（文語的）	
☐ **plunge** [plʌndʒ]	突入する	飛び込む を突っ込む
☐ **overpower** [òuvərpáuər]	を制圧する	を打ち負かす
☐ **surrender** [səréndər]	降伏する	を引き渡す
☐ **subdue** [səbd(j)ú:]	を征服する	を服従させる
☐ **purge** [pə:rdʒ]	を粛清する	名粛清 名追放

名詞

学校

学生生活でかかる **school expenses**

学校に支払う **tuition**

前もって勉強する **preparation**

学期に提出する **term paper**

学期末に行うテストの **final**

学期末に生徒に渡す **report card**

通知表に記される **grade**

学校が出す成績評価の **transcript**

卒業生を祝う **commencement**

学校の卒業を証明する **diploma**

7-4

□ **school expenses** [skúːl ikspéntsiz]	学費	
□ **tuition** [t(j)uːíʃən]	授業料	教授 / 授業
□ **preparation** [prèpəréiʃən]	予習	用意 / 準備
□ **term paper** [tə́ːrm pèipər]	学期末レポート	
□ **final** [fáin(ə)l]	学期末テスト	決勝戦 / 形 最終の
□ **report card** [ripɔ́ːrt káːrd]	通知表	
□ **grade** [greid]	成績	等級 / 学年
□ **transcript** [trǽnskript]	成績証明書	写し
□ **commencement** [kəménsmənt]	卒業式	始まり / 開始
□ **diploma** [diplóumə]	卒業証明書	

名詞
犯罪 2

夜、店に忍び込んではたらく **burglary** (バーグラリィ)

人の物を盗む **larceny** (ラーセニィ)

銀行に押し入ってはたらく **robbery** (ラバリィ)

家屋に火を放つ **arson** (アースン)

他人の弱みに付け込む **menace** (メナス)

殴る蹴るして加える **outrage** (アウトゥレイヂ)

突然寝込みを襲う **raid** (レイド)

人の命を奪う **homicide** (ハミサイド)

人を獣のように殺す **bloodshed** (ブラドゥシェド)

目を覆う残酷な **cruelty** (クルーエルティ)

7-5

burglary [bə́:rɡl(ə)ri]	盗み(ふつう夜間にはたらく)	忍び込み窃盗罪
larceny [lá:rsəni]	窃盗	窃盗罪
robbery [rɑ́b(ə)ri]	強盗(行為)	盗難 / 盗難事件
arson [ɑ́:rsn]	放火	放火罪
menace [ménəs]	脅迫	脅威 / 動 脅威を与える
outrage [áutrèidʒ]	暴行	乱暴 / 不法行為
raid [reid]	襲撃	手入れ / 急襲
homicide [hɑ́məsàid]	殺人	殺人行為 / 殺人罪
bloodshed [blʌ́dʃèd]	虐殺	殺人
cruelty [krú:əlti]	残虐行為	残酷さ

名詞

意見 1

意見が激しくぶつかる **conflict**
カンフリクト

口論で感情が仲たがいする **tangle**
タングル

その意見に同意する **approval**
アプルーヴ(ァ)ル

その意見に同意できない **disapproval**
ディサプルーヴァル

強引な意見に対する **opposition**
アポズィション

口から泡を飛ばしての **controversy**
カントゥロヴァ~スィ

同じ考えであるとする意見の **consent**
コンセント

お互いが求める意見の **consensus**
コンセンサス

進んで行う意見の **proposition**
プラポズィション

一貫性のない意見の **inconsistency**
インコンスィステンスィ

7-6

☐ **conflict** [kánflikt]	衝突(意見の)	不一致 闘争
☐ **tangle** [tǽŋgl]	もつれ	動をもつれさせる
☐ **approval** [əprúːv(ə)l]	賛成	
☐ **disapproval** [dìsəprúːv(ə)l]	不賛成	
☐ **opposition** [àpəzíʃən]	反対(〜に対する)	対立 抵抗
☐ **controversy** [kántrəvə̀ːrsi]	論争	論戦 論議
☐ **consent** [kənsént]	同意	承諾 動同意する
☐ **consensus** [kənsénsəs]	一致	
☐ **proposition** [pràpəzíʃən]	提案	申し込み 主張
☐ **inconsistency** [ìnkənsíst(ə)nsi]	矛盾	言行不一致

名詞

ビジネス 1

商業上の取引行為である **business transactions**

企業による新会社の **establishment**

自社の商品をアピールする **trademark**

利益が関わる会社間の **conflict of interest**

会社が保有する財産としての **assets**

事業で追求する成績の **accomplishment**

経営の効率化で求める社員の **efficiency**

両社間で取り交わした提携の **annulment**

一度結んだ契約の **cancellation**

ひそかに陰で行う取引の **secret deal**

7-7

英語	意味	
business transactions [bíznis trænsǽkʃənz]	商取引	
establishment [istǽblɪʃmənt]	設立	制定 / 施設
trademark [tréɪdmàːrk]	商標	
conflict of interest [kánflikt (ə)v ínt(ə)rist]	利害問題	
assets [ǽsets]	資産(複数形で)	
accomplishment [əkámplɪʃmənt]	業績	功績 / 完成すること
efficiency [ɪfíʃənsi]	能率	効率
annulment [ənʌ́lmənt]	破棄(形式的)	取り消し / 破棄
cancellation [kæ̀nsəléɪʃən]	取り消し	キャンセル / 削除
secret deal [síːkrit díːl]	裏取引	

名詞

不動産

土地や建物などの **real property** (リー(ア)ル プラパティ)

土地の購入で支払う最初の **down payment** (ダウン ペイメント)

借金の担保としての **mortgage** (モーゲヂ)

借金不払いによる土地の **foreclosure** (フィークロウジャ)

競売にかけられる土地の **collateral** (コラテラル)

土地を借りる **leased land** (リースト ランド)

借地で支払う **land rent** (ランド レント)

土地所有者が保有する **leasehold** (リースホウルド)

不動産を貸し出す **leaseholder** (リースホウルダァ)

工場建設に予定している広大な **site** (サイト)

7-8

☐ **real property** [ríː(ə)l prápərti]	不動産	
☐ **down payment** [dáun péimənt]	頭金	
☐ **mortgage** [mɔ́ːrgidʒ]	抵当	住宅ローン 動を抵当に入れる
☐ **foreclosure** [fɔːrklóuʒər]	担保差し押さえ	質流れ
☐ **collateral** [kəlæt(ə)rəl]	担保物件	
☐ **leased land** [líːst lænd]	借地	
☐ **land rent** [lænd rènt]	借地料	
☐ **leasehold** [líːshòuld]	借地権	賃借権
☐ **leaseholder** [líːshòuldər]	借家人	借地人
☐ **site** [sait]	用地	敷地 現場

形容詞

生活

パンを買う金もない **needy** な生活 [ニーディ]

借金に追われる **destitute** な生活 [デスティテュート]

クレジットに頼った **indebted** な生活 [インデティド]

節約に節約を重ねる **rustic** な生活 [ラスティク]

資産家として暮らす **well-to-do** な生活 [ウェルトゥドゥー]

欲しい物を買いあさる **extravagant** な生活 [イクストゥラヴァガント]

何の変哲もない **monotonous** な生活 [モナト(ゥ)ナス]

世間一般の平凡で **conventional** な生活 [コンヴェンシ(ョ)ナル]

友人が誰もいない **solitary** な生活 [サリテリィ]

早寝早起きの **wholesome** な生活 [ホウルサム]

7-9

needy [níːdi]	貧乏な(形式的)	困窮している / 貧しい
destitute [déstət(j)ùːt]	困窮している(文語的)	貧困な
indebted [indétid]	借金がある	
rustic [rÁstic]	質素な	素朴な / ひなびた
well-to-do [wéltədúː]	裕福な	暮らし向きのよい
extravagant [ikstrǽvəgənt]	ぜいたくな	浪費の / 途方もない
monotonous [mənát(ə)nəs]	退屈な	単調な(声・音などが)
conventional [kənvénʃ(ə)nəl]	月並みの	型にはまった / 慣例の
solitary [sálətèri]	一人ぼっちの	孤独な / 寂しい
wholesome [hóuls(ə)m]	健康によい	健全な

形容詞

レベル

100mを9秒台で走る **outstanding** な能力
アウトゥスタンディング

映画に出演している **leading** な俳優
リーディング

交通法規で定められた **restricted** なスピード
リストゥリクティド

人気絶大で市場に **widespread** な商品
ワイドゥスプレド

10周年を祝う **ad hoc** な企画
アドゥ ハック

社会に影響力を持つ **dominant** なジャーナル誌
ダミナント

からだに心地よい **moderate** な刺激
マデレト

研究者にとってふさわしい **optimum** な環境
アプティマム

科学の発展で **advanced** な社会
アドゥヴァンスト

人類に残された **invaluable** な遺産
インヴァリュアブル

7-10

outstanding [àutstǽndiŋ]	ずば抜けた	
leading [líːdiŋ]	主要な	
restricted [ristríktid]	制限された	限られた 狭い
widespread [wàidspréd]	普及した	広範囲にわたる 広く行きわたった
ad hoc [ǽd hák]	特別の	とくにこのための
dominant [dámənənt]	最も有力な	支配的な 重要な
moderate [mádərət]	適度の	穏健な 名 思想の穏健な人
optimum [áptəməm]	最適な	
advanced [ədvǽnst]	進歩した	高度の 上級の
invaluable [invǽljuəbl]	計り知れないほど貴重な	

SECTION 8

- 8-1 ● 料理 [動詞]
- 8-2 ● 研究所 [動詞]
- 8-3 ● 政府 1 [動詞]
- 8-4 ● 大学 [名詞]
- 8-5 ● 犯罪者 [名詞]
- 8-6 ● 会議 1 [名詞]
- 8-7 ● 特許 [名詞]
- 8-8 ● 戦略 [名詞]
- 8-9 ● からだ [形容詞]
- 8-10 ● 抽象 1 [形容詞]

動詞

料理

器具を使ってレモンを **squeeze** する

おろし金で大根を **grate** する

とろ火でスープを **simmer** する

沸騰したシチューが鍋から **overflow** する

水を混ぜて小麦粉を **knead** する

水を加えて濃いだしを **dilute** する

サラダに塩を **sprinkle** する

砂糖を加えて料理を **sweeten** する

料理に調味料を加えて **season** する

メインのお皿にサラダを **garnish** する

8-1

☐ **squeeze** [skwi:z]	を搾る	
☐ **grate** [greit]	をすりおろす	きしむ をきしらせる
☐ **simmer** [símər]	をぐつぐつ煮る	爆発寸前になる (感情が)
☐ **overflow** [òuvərflóu]	あふれる	氾濫する いっぱいになる
☐ **knead** [ni:d]	をこねる	を練る をもむ
☐ **dilute** [dailú:t]	を薄める(液体)	
☐ **sprinkle** [spríŋkl]	をふりかける	を撒く(水・砂など)
☐ **sweeten** [swí:tn]	を甘くする	甘くなる を和らげる
☐ **season** [sí:zn]	に味付けする	名季節 名時季
☐ **garnish** [gá:rniʃ]	を添える	名料理の添え物

動詞
研究所

新しく研究所を **institute** する

古い建物の内部を **refurbish** する

崩れやすい壁を鉄骨で **reinforce** する

スチール製の棚を **assemble** する

高価な装置を **install** する

コンピューターに情報を **feed** する

新たな研究を **initiate** する

有能な学者と研究生が協力して **collaborate** する

論文で発表された多くの資料を **scrutinize** する

研究で得た知識とデータを **accumulate** する

☐ **institute** [ínstət(j)ùːt]	を設立する（文語的）	名 研究所 名 学会
☐ **refurbish** [riːfə́ːrbiʃ]	を改装する	
☐ **reinforce** [rìːinfɔ́ːrs]	を補強する	を強化する を補充する
☐ **assemble** [əsémbl]	を組み立てる（物）	を集める 集まる
☐ **install** [instɔ́ːl]	を取り付ける（装置など）	の就任式を行う
☐ **feed** [fiːd]	を入力する	に餌を与える を供給する
☐ **initiate** [iníʃièit]	を始める	を創始する 入会式を行う
☐ **collaborate** [kəlǽbərèit]	共同で研究する	共同してはたらく（とくに芸術・学問の分野で）
☐ **scrutinize** [skrúːtənàiz]	を綿密に調べる	を吟味する
☐ **accumulate** [əkjúːmjulèit]	を蓄積する	たまる

動詞
政府 1

通信事業の自由化で法律を **amend** する

時代に逆行する制度を **abolish** する

新たに通信事業関連の法律を **enact** する

新規参入の企業に **entitle** する

法律でクローンの研究を **regulate** する

厳しい規制で研究者に法律を **enforce** する

低所得者に納税を **exempt** する

高級官僚による汚職の詳細を **probe** する

人事の入れ替えで内閣を **reshuffle** する

友好国と新たに条約を **conclude** する

8-3

amend [əménd]	を改正する（法案・制度など）	を改める
abolish [əbáliʃ]	を廃止する（制度・規則など）	
enact [inǽkt]	を制定する（法律）	を上演する
entitle [intáitl]	に権利を与える	という表題をつける
regulate [régjulèit]	を規制する	を調整する（機械など）
enforce [infɔ́:rs]	を守らせる（法律など）	を強いる
exempt [igzémpt]	を免除する（義務など）	
probe [proub]	を徹底的に調べる	を厳密に調べる
reshuffle [rì:ʃʌ́fl]	を改造する（内閣など）	名 改造（内閣の）
conclude [kənklú:d]	を締結する	を終える／結論を下す

名詞

大学

大学の入学を許す **matriculation** (マトゥリキュレイション)

学資の援助で払われる **scholarship** (スカラシフ)

大学生が共同で住む **dormitory** (ドーミトーリィ)

大学で学ぶ **expertise** (エクスパ〜ティーズ)

大学で研究を選択する **major** (メイヂァ)

大学の卒業で提出する **graduation thesis** (グラヂュエイション スィースィス)

大学で取得する **bachelor's degree** (バチ(ェ)ラァズ ティグリー)

大学よりさらに上の **graduate school** (グラヂュエイト スクール)

大学院で取得する **doctorate** (ダクタレト)

キリスト教の神学を学ぶ **seminary** (セミナリィ)

8-4

☐ **matriculation** [mətrìkjuléiʃən]	大学入学許可	
☐ **scholarship** [skálərʃip]	奨学金	
☐ **dormitory** [dɔ́:rmətɔ̀:ri]	寮(大学の)	寄宿舎
☐ **expertise** [èkspə:rtí:z]	専門知識	専門技術
☐ **major** [méidʒər]	専攻	動 専攻する 形 専攻の
☐ **graduation thesis** [grædʒuéiʃən θí:sis]	卒業論文	
☐ **bachelor's degree** [bǽtʃ(ə)lərz digrí:]	学士号	
☐ **graduate school** [grǽdʒueit skú:l]	大学院	
☐ **doctorate** [dákt(ə)rit]	博士号	
☐ **seminary** [sémənèri]	神学校	

名詞

犯罪者

マフィアが売買する白い粉の **narcotic**(ナーカティク)

ひそかに麻薬を輸入する **smuggling**(スマグリング)

ひそかに麻薬を販売する **illicit sale**(イリスィト セイル)

誘拐犯が要求する **ransom**(ランサム)

人を部屋に閉じ込める **confinement**(コンファインメント)

ひそかに情報を盗み出す **espionage**(エスピオナージ)

自白を強要する痛ましい **torture**(トーチァ)

刑務所に入れる **imprisonment**(インプリズンメント)

保釈で積むお金の **bail**(ベイル)

刑期半ばで出所する **provisional release**(プロヴィジ(ョ)ナル リリース)

8-5

☐ **narcotic** [nɑ:rkátik]	麻薬	睡眠薬 形麻薬の
☐ **smuggling** [smʌ́gliŋ]	密輸	
☐ **illicit sale** [ilísit sèil]	密売	
☐ **ransom** [rǽnsəm]	身代金	賠償金
☐ **confinement** [kənfáinmənt]	監禁	
☐ **espionage** [éspiənà:ʒ]	スパイ行為	諜報
☐ **torture** [tɔ́:rtʃər]	拷問	苦悶 激しい苦痛
☐ **imprisonment** [impríznmənt]	投獄	
☐ **bail** [beil]	保釈金	保釈
☐ **provisional release** [prəvíʒ(ə)nəl rilí:s]	仮釈放	

名詞

会議 1

気軽に討論し話し合う **forum**(フォーラム)

ある議題について話し合う **council**(カウンスル)

役員を集めて行う **committee**(コミテイ)

党の幹部で行う **caucus**(コーカス)

事業の展開について話し合う **management committee**(マネヂメントコミテイ)

議長の挨拶で始まる議会の **session**(セション)

会議における意見の **concord**(カンコード)

会議で対立する意見の **discord**(ディスコード)

会議で裁決を採る **resolution**(レゾルーション)

決議で議案を認める **recognition**(レコグニション)

8-6

☐ **forum** [fɔ́:rəm]	座談会	公開討論の場
☐ **council** [káuns(ə)l]	会議	協議 / 協議会
☐ **committee** [kəmíti]	委員会	
☐ **caucus** [kɔ́:kəs]	幹部会議(政党の)	
☐ **management committee** [mǽnidʒmənt kəmíti]	経営会議	
☐ **session** [séʃən]	開会 (議会・会議などの)	開廷 / 集会
☐ **concord** [kɑ́ŋkɔ:rd]	一致(意見などの)	協和音
☐ **discord** [dískɔ:rd]	不一致(意見などの)	不協和音 / 不和
☐ **resolution** [rèzəlú:ʃən]	決議	決心 / 決断力
☐ **recognition** [rèkəgníʃən]	承認	認識 / 認めること

名詞

特許

新規の発明に与えられる **patent**
［パテント］

特許を受理し管理する **patent office**
［パテント オ(ー)フィス］

発明で特許庁に行う **application**
［アプリケイション］

特許申請における特許庁の **acceptance**
［アクセプタンス］

特許庁が承認する特許の **authorization**
［オーソリゼイション］

特許を独占利用できる **patent right**
［パテント ライト］

特許申請の過程である **patent pending**
［パテント ペンディング］

特許を所有する **patentee**
［パテンティー］

特許の使用で支払う **royalty**
［ロイ(ア)ルティ］

無断使用による特許の **infringement**
［インフリンヂメント］

8-7

patent [pæt(ə)nt]	特許	
patent office [pæt(ə)nt ɔ́(:)fis]	特許局	
application [æpləkéiʃən]	申請	応用 / 志願
acceptance [əkséptəns]	受理	受け入れること
authorization [ɔ̀:θərəzéiʃən]	認可	公認
patent right [pæt(ə)nt ráit]	特許権	
patent pending [pæt(ə)nt péndiŋ]	特許申請中	
patentee [pæt(ə)ntí:]	特許権所有者	
royalty [rɔ́i(ə)lti]	特許使用料	印税 / 王族
infringement [infríndʒmənt]	侵害（商標・版権などの）	違反

名詞

戦略

周到な準備と計画による **strategy**

企業が立てる世界的な **corporate strategy**

あらゆる方面に事業を広げる **diversification**

新規事業への資金の **investment**

新製品実用化に向けての **research and development**

設備に資金を投入する **plant investment**

一社だけが持つ販売の **monopoly**

市場を独り占めする **monopolization**

資金力で一手に買い集める **corner**

不可能に対する限界の **breakthrough**

8-8

strategy [strǽtədʒi]	戦略	作戦 / 策略
corporate strategy [kɔ́ːrp(ə)rit strǽtədʒi]	企業戦略	
diversification [divə̀ːrsəfəkéiʃən]	多角化	多様化 / 多角経営
investment [invéstmənt]	投資	出資 / 出資金
research and development [risə́ːrtʃ and divéləpmənt]	研究開発	
plant investment [plǽnt invèstmənt]	設備投資	
monopoly [mənápəli]	専売権	独占権
monopolization [mənàpəlizéiʃən]	独占	専売
corner [kɔ́ːrnər]	買い占め	角 / すみ
breakthrough [bréikθrùː]	突破	大発見 / 大躍進

形容詞

からだ

運動不足による締まりのない **flabby**(フラビィ) なからだ

お腹が出っ張った中年の **stout**(スタウト) なからだ

骨と皮だけの **meager**(ミーガァ) なからだ

すぐ病気にかかる **feeble**(フィーブル) なからだ

体質的に疲れやすい **frail**(フレイル) なからだ

病室のベッドに横たわる **morbid**(モービド) なからだ

赤ちゃんをお腹に宿した **pregnant**(プレグナント) なからだ

子供が産めない **sterile**(ステリル) なからだ

事故の後遺症で苦しむ **handicapped**(ハンディキャプト) なからだ

松葉杖が必要な **lame**(レイム) なからだ

8-9

□ **flabby** [flǽbi]	たるんだ (筋肉などが)	締まりがない 気力のない
□ **stout** [staut]	太った (ふつう中年太り)	強い 丈夫な
□ **meager** [mí:gər]	やせた	貧弱な 乏しい
□ **feeble** [fí:bl]	弱い (からだが)	気力の乏しい
□ **frail** [freil]	虚弱な (体質が)	ひ弱な 意志の弱い
□ **morbid** [mɔ́:rbid]	病気の	病的な (精神・考えなど) 不健全な
□ **pregnant** [prégnənt]	妊娠した	身ごもった
□ **sterile** [stérəl]	不妊の	不毛の 子を産まない
□ **handicapped** [hǽndikæpt]	障害のある (身体・精神に)	
□ **lame** [leim]	足の不自由な	筋の通らない 動の片足を不自由にする

形容詞

抽象 1

流行の先端をゆく **avant-garde**(アヴァーンガード) なファッション

絶叫しながら応援する **enthusiastic**(エンス(ュ)ーズィアスティク) なファン

選手生命を失う **fatal**(フェイトゥル) なケガ

エンジン性能を試す **tentative**(テンタティヴ) な走行

毎年行う **customary**(カスタメリィ) な行事

変更可能な **fluid**(フルーイド) な計画

計画を実現化する **concrete**(カンクリート) な方法

自分の考えとしての **subjective**(サブチェクティヴ) な意見

深く掘り下げた **radical**(ラディカル) な問題

憲法で保障された **fundamental**(ファンダメントゥル) な人権

8-10

単語	意味1	意味2
avant-garde [ævɑːŋgáːrd]	前衛的な	
enthusiastic [inθ(j)ùːziǽstik]	熱狂的な	熱心な
fatal [féitl]	致命的な	命取りの 決定的な
tentative [téntətiv]	試験的な	試みの 仮の
customary [kʌ́stəmèri]	習慣的な	
fluid [flúːid]	流動的な	流動する 変わりやすい
concrete [kɑnkríːt]	具体的な	実在する コンクリート製の
subjective [səbdʒéktiv]	主観的な	
radical [rǽdikəl]	根本的な	過激な 图急進論者
fundamental [fʌ̀ndəméntl]	基本的な	根本的な 重要な

SECTION 9

- 9-1 ● お金 [動詞]
- 9-2 ● 職業2 [動詞]
- 9-3 ● 政策 [動詞]
- 9-4 ● 学問 [名詞]
- 9-5 ● 警察 [名詞]
- 9-6 ● 人間 [名詞]
- 9-7 ● 経営 [名詞]
- 9-8 ● IT [名詞]
- 9-9 ● 病気3 [形容詞]
- 9-10 ● 抽象2 [形容詞]

動詞

お金

買い物で値段を安く **haggle**(ハグル) する

支出を抑えてお金を **economize**(イカノマイズ) する

海外の支社にお金を **remit**(リミット) する

契約時にお金を **advance**(アドゥヴァンス) する

返品の代金をお客に **refund**(リファンド) する

借りていたお金を友人に **repay**(リペイ) する

借金を完全に **reimburse**(リーインバ～ス) する

お世話になった大学にお金を **endow**(エンダウ) する

莫大な財産を親から **inherit**(インヘリト) する

必要経費を税金から **subtract**(サブトゥラクト) する

9-1

☐ **haggle** [hǽgl]	値切る	言い争う	
☐ **economize** [ikánəmàiz]	節約する	経費を切り詰める	
☐ **remit** [rimít]	を送金する	(神が罪)を許す	
☐ **advance** [ədvǽns]	を前払いする	進む 進歩する	
☐ **refund** [rifʌ́nd]	を払い戻す		
☐ **repay** [ripéi]	に返金する (借金・預かっていたお金など)	を返す(金)	
☐ **reimburse** [rìːimbə́ːrs]	に返済する (借りた金品など)	に払い戻しをする	
☐ **endow** [indáu]	に寄付をする (大学・病院などに)	に才能を授ける	
☐ **inherit** [inhérit]	を相続する		
☐ **subtract** [səbtrǽkt]	を控除する	を引く を減じる	

動詞

職業 2

農夫、実った作物を **reap**(リープ) する

開拓者、未開の土地を **cultivate**(カルティヴェイト) する

人夫、アスファルトで道路を **pave**(ペイヴ) する

受付、会場に訪問者を **usher**(アシァ) する

船長、船で貨物を **freight**(フレイト) する

パイロット、操縦で旅客機に **embark**(エンバーク) する

ガードマン、時間がきて警備を **alternate**(オールタネイト) する

海上警備隊、海の遭難者を **salvage**(サルヴェヂ) する

刑事、容疑者の後を **pursue**(パス(ュ)ー) する

警官、現行犯で犯人を **nab**(ナブ) する

9-2

reap [riːp]	を刈る (作物)	を刈り入れる を収める (収穫)
cultivate [kʌ́ltəvèit]	を耕す	を栽培する
pave [peiv]	を舗装する (道路)	
usher [ʌ́ʃər]	を案内する (文語的)	を先導する 名 案内係
freight [freit]	を輸送する	名 貨物
embark [imbɑ́ːrk]	飛行機に乗り込む	乗船する を飛行機に乗せる
alternate [ɔ́ːltərnèit]	交替する	形 交互の
salvage [sǽlvidʒ]	を救助する	を引き上げる 名 救助
pursue [pərs(j)úː]	を追跡する	を追い求める に従事する
nab [næb]	を逮捕する (現行犯で)	を奪う をひったくる

動詞

政策

180度従来の政策を **convert** する

地方分権で各自治体に **authorize** する

法改正で新たな制度を **constitute** する

有所得者に納税を **oblige** する

滞納する企業に税金を **levy** する

不正業者との契約を **void** する

密輸された輸入品を **impound** する

猥褻な輸入雑誌を **censor** する

海外旅行者の外貨持ち出しを **confine** する

国外に不法滞在者を **expel** する

9-3

convert [kənvə́:rt]	を転換する	を改造する
authorize [ɔ́:θəràiz]	に権限を与える	
constitute [kánstət(j)ùːt]	を制定する（制度・機関など）	
oblige [əbláidʒ]	を義務づける	
levy [lévi]	を徴収する（税金・寄付など）	を課す を取り立てる
void [vɔ́id]	を無効にする（契約など）	名 空虚感 名 空しさ
impound [impáund]	を押収する	を没収する
censor [sénsər]	を検閲する	
confine [kənfáin]	を制限する	を限る を閉じ込める
expel [ikspél]	を追放する	を追い出す を吐き出す

名詞

学問

人生の根源を学問する **philosophy** (フィラソフィ)

人間の心理を学問する **psychology** (サイカロヂィ)

薬品の開発を研究する **chemistry** (ケミストゥリィ)

宇宙の法則を研究する **physics** (フィズィクス)

動植物の生態を研究する **biology** (バイアロヂィ)

地球の地形を研究する **geography** (ヂアグラフィ)

世界経済を研究する **economics** (イーコナミクス)

電子技術を研究する **electronics** (イレクトゥラニクス)

天体について研究する **astronomy** (アストゥラノミィ)

遺跡を調査研究する **archaeology** (アーキアロヂィ)

9-4

philosophy [filásəfi]	哲学	人生観
psychology [saikálədʒi]	心理学	
chemistry [kémistri]	化学	相性 人間関係
physics [fíziks]	物理学	
biology [baiálədʒi]	生物学	
geography [dʒiágrəfi]	地理学	地理 地形
economics [i:kənámiks]	経済学	
electronics [ilektrániks]	電子工学	
astronomy [əstránəmi]	天文学	
archaeology [à:rkiálədʒi]	考古学	

名詞

警察

犯行現場に残された犯人の **fingerprint**（フィンガプリント）

死体解剖による被害者の **autopsy**（オータプスィ）

目撃者の証言でつくられた **composition picture**（カンポズィション ピクチャ）

犯人の出現を待ち伏せする **ambush**（アンブシ）

警察が全国に敷く **dragnet**（ドゥラグネト）

家宅捜査で見せる **writ**（リット）

警察が犯行グループを捕まえる **roundup**（ラウンダプ）

容疑者を鉄格子に入れる **detention**（ディテンション）

取調室で行う **interrogation**（インテロゲイション）

容疑者による罪の **confession**（コンフェション）

9-5

☐ **fingerprint** [fíŋgərprìnt]	指紋	
☐ **autopsy** [ɔ́:tɑpsi]	検死	死体解剖
☐ **composition picture** [kɑmpəzíʃən píktʃər]	モンタージュ写真	
☐ **ambush** [ǽmbuʃ]	張り込み	待ち伏せ
☐ **dragnet** [drǽgnèt]	捜査網	地引網
☐ **writ** [rit]	令状	
☐ **roundup** [ráundʌp]	一斉検挙	
☐ **detention** [diténʃən]	留置	引き止め 拘留
☐ **interrogation** [intèrəgéiʃən]	尋問	疑問
☐ **confession** [kənféʃən]	自白	告白 ざんげ

名詞

人間

物事をわかる力の **comprehension**
カンプリヘンション

物事を見抜く力の **insight**
インサイト

その仕事に向いている **competence**
カンペテンス

ピンときた感覚でとらえる **intuition**
インテュ(ー)イション

頭の中にいだく考えの **notion**
ノウション

個人によって違う性格の **disposition**
ディスポズィション

人に対してとる様々な **posture**
パスチァ

人から頼りにされる **prestige**
プレスティージ

社会生活でいだく道徳的な **ethics**
エスィクス

その人物から漂う人としての **humanity**
ヒューマニティ

comprehension [kàmprihénʃən]	理解力	読解力
insight [ínsait]	洞察力	洞察 眼識
competence [kámpətəns]	適性	能力 力量
intuition [ìnt(j)u(:)íʃən]	直感	幻覚
notion [nóuʃən]	観念	概念 意見
disposition [dìspəzíʃən]	気質	性質 傾向
posture [pástʃər]	態度	姿勢 心構え
prestige [prestíːʒ]	信望	威信 対面
ethics [éθiks]	倫理観(複数形で)	道義
humanity [hjuːmǽnəti]	人間性	人間らしさ 人類

名詞

経営

会社を運営し事業を行う **administration**
アドゥミニストゥレイション

ビジネスとして行う **economic activity**
イーコナミク アクティヴィティ

銀行から調達する経営の **fund**
ファンド

商品の売買による **commodity transaction**
コマディティ トゥランサクション

商品の販売で上げる **gain**
ゲイン

経営で出費する **expenditure**
イクスペンディチァ

商品の仕入れで連絡する **supplier**
サプライア

営業で得意先をもてなす **entertainment**
エンタテインメント

接待で使う費用の **entertainment expenses**
エンタテインメント イクスペンスィズ

導入した機材の維持にかかる **upkeep**
アプキープ

9-7

administration [ədmìnəstréiʃən]	経営(形式的) 管理	政府(米)
economic activity [i:kənámik æktívəti]	経済活動	
fund [fʌnd]	資金	基金 蓄え(知識などの)
commodity transaction [kəmádəti trænsækʃən]	商品取引	
gain [géin]	利益	動を得る 動を増す
expenditure [ikspénditʃər]	支出	消費 経費
supplier [səpláiər]	仕入れ先	供給者
entertainment [èntərtéinmənt]	接待	娯楽 興行
entertainment expenses [entərtéinmənt ikspènsiz]	接待費	
upkeep [ʌ́pkì:p]	維持費	維持 経費

名詞

IT

大量の情報を送信できる **optical fiber**
（アプティカル ファイバァ）

コンピューター心臓部の **central processing unit**
（セントゥラル プラセスィング ユーニト）

微細加工された **integrated circuit**
（インテグレイティド サ～キト）

集積回路に必要な **semiconductor**
（セミコンダクタァ）

モニター画面に使われる **liquid crystal**
（リクウィド クリストゥル）

次世代コンピューターを目指す **artificial intelligence**
（アーティフィシャル インテリヂェンス）

インターネットで収集する **intelligence**
（インテリヂェンス）

たった今入手した **update**
（アプデイト）

ネットで情報を集める **retrieval**
（リトゥリーヴ(ァ)ル）

情報がネットワーク化された **information-intensive society**
（インフォメイション インテンスィヴ ソサイエティ）

9-8

☐ **optical fiber** [áptikəl fàibər]	光ファイバー	
☐ **central processing unit** [séntrəl prásesiŋ jù:nit]	中央演算処理装置 (CPU)	
☐ **integrated circuit** [íntəgreitid sə́:rkit]	集積回路	
☐ **semiconductor** [sèmikəndʌ́ktər]	半導体	
☐ **liquid crystal** [líkwid krístl]	液晶	
☐ **artificial intelligence** [ɑ:rtəfíʃəl intélədʒəns]	人工知能	
☐ **intelligence** [intélədʒəns]	情報	知能
☐ **update** [ʌ́pdèit]/動[ʌpdéit]	最新情報	動 最新のものにする
☐ **retrieval** [ritrí:v(ə)l]	検索	回復 復旧
☐ **information-intensive society** [infərméiʃən inténsiv səsáiəti]	情報化社会	

形容詞

病気 3

貧血症で **dizzy**(ディズィ) なからだ

胸の鼓動が止まる **cardiac**(カーディアク) な障害

食べ物を液状にする **digestive**(ダイヂェスティヴ) な機能

暴飲暴食でかかる **acute**(アキュート) な胃炎

長年患う **chronic**(クラニク) な胃病

眼の酷使による **optical**(アプティカル) の低下

オーバーワークによる **rigid**(リヂド) な筋肉

とげが刺さり **prickly**(プリクリィ) な指

死亡率100%の **deadly**(デドゥリィ) な病

心臓が停止した **moribund**(モーリバンド) なからだ

9-9

□ **dizzy** [dízi]	めまいがする	目がくらむほどの
□ **cardiac** [káːrdiæk]	心臓の	
□ **digestive** [daidʒéstiv]	消化の	消化を促す
□ **acute** [əkjúːt]	急性の(病気が)	鋭い(感覚などが) 深刻な
□ **chronic** [kránik]	慢性の	長引く
□ **optical** [áptikəl]	視力の	視覚の 光学の
□ **rigid** [rídʒid]	硬直した (からだ・物などが)	厳格な (人・性格などが)
□ **prickly** [príkli]	ちくちくする	とげだらけの 刺すような
□ **deadly** [dédli]	致命的な	命にかかわる
□ **moribund** [mɔ́ːrəbʌ̀nd]	死にかかった	消滅しかかった

形容詞

抽象 2

差出人のわからない **anonymous** な手紙 (アナニマス)

応募ハガキから選ぶ **random** な抽選 (ランダム)

次々にこなす **handy** な仕事 (ハンディ)

やっても意味のない **futile** な行為 (フュートゥル)

意外と役に立つ **preliminary** な知識 (プリリミネリィ)

度胸を決めてする **drastic** な決断 (ドゥラスティク)

慎重に審議した **deliberate** な結論 (ディリベレト)

将来必ず値上がりする **prospective** な株 (プロスペクティヴ)

政府の認可を受けた **legitimate** な取引 (リヂティメト)

厳しく取り締まる **rigorous** な法律 (リゴラス)

9-10

anonymous [ənániməs]	匿名の	
random [rǽndəm]	手当たりしだいの	でたらめの
handy [hǽndi]	手際のよい	手もとにある 器用な
futile [fjúːtl]	むだな(行為が)	くだらない 軽薄な
preliminary [prilímənèri]	予備の	前置きとなる
drastic [drǽstik]	思い切った	徹底的な
deliberate [dilíb(ə)rit]	よく考えた上での	故意の 計画的な
prospective [prəspéktiv]	見込みのある	予想される 将来の
legitimate [lidʒítəmit]	合法の	適法の 合理的な
rigorous [ríg(ə)rəs]	厳格な(法律などが)	厳しい 正確な

SECTION 10

- 10-1 ● 恋愛 [動詞]
- 10-2 ● 職業 3 [動詞]
- 10-3 ● 自然 1 [名詞]
- 10-4 ● 書類 [名詞]
- 10-5 ● こころ 2 [名詞]
- 10-6 ● 経理 [名詞]
- 10-7 ● 税 [名詞]
- 10-8 ● 裁判 2 [名詞]
- 10-9 ● 出来事 [形容詞]
- 10-10 ● 仕事 [形容詞]

動詞

恋愛

A子、鏡に向かって顔に **powder** する
〔パウダァ〕

A子、長い髪を可愛く **braid** する
〔ブレイド〕

A子、デートで彼氏に **accompany** する
〔アカンパニィ〕

かわいいA子、彼のこころを **charm** する
〔チャーム〕

香りのいいA子、彼のこころを **fascinate** させる
〔ファスィネイト〕

二人はお互い愛し合い **adore** する
〔アドー(ァ)〕

二人は恥ずかしさから **droop** する
〔ドゥループ〕

彼氏、A子に顔を近づけ **hover** する
〔ハヴァ〕

そして、お互い抱き合い **smooch** する
〔スムーチ〕

恋愛はA子を **beautify** する
〔ビューティファイ〕

10-1

□**powder** [páudər]	におしろいをつける／を粉にする／名粉
□**braid** [breid]	を編む(ひも・髪など)
□**accompany** [əkÁmp(ə)ni]	について行く
□**charm** [tʃɑ:rm]	を魅了する／名魅力
□**fascinate** [fǽsənèit]	をうっとりさせる
□**adore** [ədɔ́:r]	を熱愛する／を崇拝する／が大好きである
□**droop** [dru:p]	うつむく／垂れる／しおれる
□**hover** [hÁvər]	ためらう／うろつく／舞う(上空を)
□**smooch** [smu:tʃ]	キスをする(抱き合って)
□**beautify** [bjú:təfài]	を美しくする／を飾る

動詞

職業 3

牧師、日曜日の教会で **preach** する
<ruby>preach<rt>プリーチ</rt></ruby>

天気予報官、明日の天気を **forecast** する
<ruby>forecast<rt>フォーキャスト</rt></ruby>

レポーター、現地から報道を **relay** する
<ruby>relay<rt>リーレイ</rt></ruby>

郵便局員、移転した住人の手紙を **forward** する
<ruby>forward<rt>フォーワド</rt></ruby>

科学者、新たな資源を **exploit** する
<ruby>exploit<rt>エクスプロイト</rt></ruby>

看護婦、特別病棟の患者を **insulate** する
<ruby>insulate<rt>インス(ユ)レイト</rt></ruby>

ドクター、患者に提供者の臓器を **transplant** する
<ruby>transplant<rt>トゥランスプラント</rt></ruby>

証券マン、企業の売却を **underwrite** する
<ruby>underwrite<rt>アンダライト</rt></ruby>

会計士、年に一度企業の **audit** する
<ruby>audit<rt>オーディト</rt></ruby>

首相、各省庁の大臣を **designate** する
<ruby>designate<rt>デズィグネイト</rt></ruby>

10-2

preach [priːtʃ]	説教する	教え諭す
forecast [fɔ́ːrkæst]	を予報する(天気など)	名予報
relay [ríːlei]	を中継する	名交替
forward [fɔ́ːrwərd]	を転送する	形前方の 副前に
exploit [éksplɔit]	を開発する(資源など)	
insulate [íns(j)ulèit]	を隔離する	を絶縁する を孤立させる
transplant [trænsplǽnt]	を移植する	名移植
underwrite [ʌ̀ndərráit]	を引き受ける(証券の)	の融資を引き受ける
audit [ɔ́ːdit]	の会計検査をする	
designate [dézignèit]	を任命する	を選定する を明示する

名詞

自然 1

氷で覆われた山の **glacier**〔グレイシァ〕

北極海に浮かぶ氷の **iceberg**〔アイスバ~グ〕

海水で岩を削る **erosion**〔イロウジョン〕

地中から発掘された恐竜の **fossil**〔ファス(ィ)ル〕

地中に眠る石油などの **resources**〔リーソースィズ〕

土が堆積してできた **stratum**〔ストゥレイタム〕

地殻に亀裂がおきる **fault**〔フォールト〕

地震が発生した **the seismic center**〔ザ サイズミク センタァ〕

噴煙をあげる山の **active volcano**〔アクティヴ ヴァルケイノウ〕

噴煙で降り注ぐ **volcanic ashes**〔ヴァルキャニク アッシィズ〕

10-3

☐ **glacier** [gléiʃər]	氷河	
☐ **iceberg** [áisbə:rg]	氷山	
☐ **erosion** [iróuʒən]	浸食	
☐ **fossil** [fás(ə)l]	化石	
☐ **resources** [rí:sɔ:rsiz]	資源(複数形で)	
☐ **stratum** [stréitəm]	地層	層 階層
☐ **fault** [fɔ:lt]	断層	欠点 責任
☐ **the seismic center** [ðə sáizmik séntər]	震源地	
☐ **active volcano** [æktiv valkéinou]	活火山	
☐ **volcanic ashes** [valkǽnik ǽʃiz]	火山灰	

名詞

書類

人の意見を調査する **questionnaire**（クウェスチョネア）

会社の受付で記入する **visitors' book**（ヴィズィタァズ ブック）

氏名住所が掲載された **directory**（ディレクトリィ）

契約で取り交わす書類の **written contract**（リトゥン カントゥラクト）

税の申告に記入する書類の **tax return**（タックス リターン）

公的機関によって書かれた書類の **official document**（オフィシャル ダキュメント）

外部に機密にされた書類の **secret document**（スィークレト ダキュメント）

執筆で取りそろえる原稿の **material**（マティ(ア)リアル）

医者が患者に渡す薬の **prescription**（プリスクリプション）

大学の卒業に提出する **thesis**（スィースィス）

10-4

☐ **questionnaire** [kwèstʃənéər]	アンケート	質問表
☐ **visitors' book** [vízitərz búk]	来訪者名簿	
☐ **directory** [dirékt(ə)ri]	人名簿	住所氏名録
☐ **written contract** [rítn kántrækt]	契約書	
☐ **tax return** [tæks ritə́ːrn]	税の申告書	
☐ **official document** [əfíʃəl dákjumənt]	公文書	
☐ **secret document** [síːkrit dákjumənt]	秘密文書	
☐ **material** [mətí(ə)riəl]	資料	原料 形 物質の
☐ **prescription** [priskrípʃən]	処方箋	
☐ **thesis** [θíːsis]	論文	修士論文 論題

名詞
こころ 2

人と人が触れ合うこころの **warmth**(ウォームス)

相手を賞賛し敬愛する **esteem**(エスティーム)

仕事にかける熱い **zeal**(ズィール)

スターになることを夢みる **longing**(ロ(ー)ンギング)

広いこころで人を受け入れる **tolerance**(タレランス)

幸せな気分にひたる **euphoria**(ユーフォーリア)

絶対にできるという強い **conviction**(コンヴィクション)

自由な発想を阻む **preconception**(プリーコンセプション)

ありもしないことを思う **illusion**(イリュージョン)

物事を深く考える **consideration**(コンスィダレイション)

10-5

□ **warmth** [wɔːrmθ]	温かさ	思いやり 暖かさ
□ **esteem** [istíːm]	尊敬	動 を尊敬する
□ **zeal** [ziːl]	熱意 (仕事などに対する)	熱心 熱中
□ **longing** [lɔ́(ː)ŋiŋ]	あこがれ	切望 強い願望
□ **tolerance** [tál(ə)rəns]	寛容	寛大
□ **euphoria** [juːfɔ́ːriə]	幸福感	
□ **conviction** [kənvíkʃən]	確信	信念 説得力
□ **preconception** [priːkənsépʃən]	先入観	
□ **illusion** [il(j)úːʒən]	幻想	
□ **consideration** [kənsìdəréiʃən]	熟慮	考慮 思いやり

名詞

経理

会計の処理を行う **accounting**（アカウンティング）

製品一つにかかるコストの **prime cost**（プライム コ(ー)スト）

原価を算出する **cost-accounting**（コ(ー)スト アカウンティング）

売上で得た総額の **proceeds**（プロウスィーツ）

販売でかかった諸々の **expenses**（イクスペンスィズ）

様々な費用の詳しい **breakdown**（ブレイクダウン）

決算で在庫品を調べる **stocktaking**（スタックテイキング）

棚卸しで使うチャートの **inventory**（インヴェントーリィ）

商品取引で取り交わす **slip**（スリップ）

商品の注文に書き込む **order form**（オーダァ フォーム）

234

10-6

☐ **accounting** [əkáuntiŋ]	経理	会計
☐ **prime cost** [práim kɔ́(:)st]	原価	
☐ **cost-accounting** [kɔ́(:)st əkáuntiŋ]	原価計算	
☐ **proceeds** [próusi:dz]	売上高(複数形で)	収入
☐ **expenses** [ikspénsiz]	経費(複数形で)	費用
☐ **breakdown** [bréikdàun]	明細書(費用などの)	破損 中断
☐ **stocktaking** [stáktèikiŋ]	棚卸し	在庫品調べ
☐ **inventory** [ínvəntɔ̀:ri]	棚卸し表	在庫目録 財産目録
☐ **slip** [slip]	伝票	紙片 小片
☐ **order form** [ɔ́:rdər fɔ́:rm]	注文用紙	

名詞

税

個人の所得に課税される **income tax** (インカム タックス)

家屋や土地に課税される **property tax** (プラパティ タックス)

個人や法人に税を徴収する **taxation** (タクセイション)

税の徴収を増やす **tax hike** (タックス ハイク)

税の徴収を減らす **tax cut** (タックス カット)

税金から課税を差し引く **deduction** (ディダクション)

税金を納める **payment of taxes** (ペイメント (オ)ヴ タックスィズ)

納税を滞る **delinquency** (ディリンクウェンスィ)

税金を納める人の **taxpayer** (タックスペイア)

納税をごまかす **tax evasion** (タックス イヴェイジョン)

236

10-7

income tax [ínkʌm tæks]	所得税	
property tax [prápərti tæks]	固定資産税	
taxation [tækséiʃən]	課税	徴税 税収入
tax hike [tæks hàik]	増税	
tax cut [tæks kʌt]	減税	
deduction [didʌ́kʃən]	控除	差し引き 控除額
payment of taxes [péimənt (ə)v tæksiz]	納税	
delinquency [dilíŋkwənsi]	滞納	
taxpayer [tǽkspèiər]	納税者	
tax evasion [tæks ivéiʒən]	脱税	

名詞

裁判 2

法廷で行われる **trial** (トゥライ(ア)ル)

裁判所に訴える **lawsuit** (ロース(ユ)ート)

第三者が訴追を求める **accusation** (アキュゼイション)

裁判請求を起こす **plaintiff** (プレインティフ)

法廷で容疑者を追及する **prosecutor** (プラスィキュータァ)

法廷で被告を弁護する **counselor** (カウンセラァ)

上級裁判所に訴える **appeal** (アピール)

対立する両者を和解させる **mediation** (ミーディエイション)

陪審裁判が行われる場所の **venue** (ヴェニュー)

裁判の評決を下す市民の **juror** (チュ(ア)ラァ)

10-8

英単語	意味1	意味2
trial [trái(ə)l]	裁判	
lawsuit [lɔ́ːs(j)ùːt]	訴訟	民事訴訟
accusation [æ̀kjuzéiʃən]	告発	非難
plaintiff [pléintif]	原告	
prosecutor [prásikjùːtər]	検察官	検事
counselor [káuns(ə)lər]	法廷弁護士	カウンセラー
appeal [əpíːl]	控訴	訴え / 動を求める
mediation [mìːdiéiʃən]	調停	仲裁
venue [vénjuː]	陪審地	
juror [dʒú(ə)rər]	陪審員	

形容詞

出来事

一笑に伏す **absurd**(アブサード) な出来事

まったく興味のわかない **tame**(テイム) な出来事

遠足前夜のような **exhilarating**(イグズィラレイティング) な出来事

トラブルに巻き込まれた **onerous**(オナラス) な出来事

皆が驚嘆する **startling**(スタートゥリング) な出来事

100年に一度の **singular**(スィンギュラァ) な出来事

人が宙に浮く **incredible**(インクレディブル) な出来事

あれっと思う **unexpected**(アネクスペクティド) な出来事

神棚が倒れる **ominous**(アミナス) な出来事

忍耐の限界による **intolerable**(インタレラブル) な出来事

10-9

absurd [əbsə́:rd]	ばかばかしい	理屈に合わない / おかしな
tame [teim]	つまらない	飼い慣らされた / 大人しい
exhilarating [igzílərèitiŋ]	気分をうきうきさせてくれる	陽気にさせてくれる
onerous [ánərəs]	面倒な	厄介な / 重荷になる
startling [stá:rtliŋ]	驚くべき	びっくりさせる
singular [síŋgjulər]	まれに見る	珍しい / 単数の
incredible [inkrédəbl]	信じられない	途方もない
unexpected [ànikspéktid]	意外な	思いがけない / 予期しない
ominous [ámənəs]	縁起の悪い	不吉な
intolerable [intál(ə)rəbl]	耐えられない	我慢できない

形容詞

仕事

伝票を整理する **clerical**(クレリカル) な仕事

社長をサポートする **secretarial**(セクレテ(ア)リアル) な仕事

選択で迷う **manifold**(マニフォウルド) な仕事

上司に代わって行う **acting**(アクティング) な仕事

長年修業を積んだ **proficient**(プロフィシェント) な仕事

手間暇がかかる **intricate**(イントゥリケト) な仕事

誰にも内緒の **confidential**(カンフィデンシャル) な仕事

毎日繰り返す **routine**(ルーティーン) な仕事

時間をかけても損のない **worthwhile**(ワース(フ)ワイル) な仕事

上から命令されて行う **compulsory**(コンパルソリィ) な仕事

10-10

☐ **clerical** [klérikəl]	事務の	聖職の 書記の
☐ **secretarial** [sèkrəté(ə)riəl]	秘書の	書記の
☐ **manifold** [mǽnəfòuld]	多種の(文語的)	多方面の 多岐にわたる
☐ **acting** [ǽktiŋ]	代理の	臨時の 名演技
☐ **proficient** [prəfíʃənt]	熟練した	たんのうな
☐ **intricate** [íntrəkit]	込み入った	複雑で難解な
☐ **confidential** [kànfədénʃəl]	機密の	内密の 信用のおける
☐ **routine** [ru:tí:n]	決まりきった	名決まりきった仕事
☐ **worthwhile** [wə́:rθ(h)wáil]	価値のある	
☐ **compulsory** [kəmpʌ́ls(ə)ri]	強制的な	義務的な 必修の

SECTION 11

11-1 ● 病気4 [動詞]

11-2 ● ビジネスマン [動詞]

11-3 ● 天気 [名詞]

11-4 ● 宗教 [名詞]

11-5 ● マイナスのこころ2 [名詞]

11-6 ● 利益 [名詞]

11-7 ● 不正行為 [名詞]

11-8 ● 裁判3 [名詞]

11-9 ● 話 [形容詞]

11-10 ● ビジネス2 [形容詞]

動詞
病気 4

傷口からドクドクと **bleed** する

消毒液で傷口を **disinfect** する

痛み止めで苦痛を **alleviate** する

医者は患者にガンを **impart** する

患者はガンの宣告で心を **dismay** させる

やむなく抗ガン剤の投与に **consent** する

医者は患者に薬を **prescribe** する

看護婦は薬を患者に **dispense** する

抗ガン剤の投与で体力を **undermine** する

薬が効きガンの細胞を **lessen** する

11-1

英単語	意味1	意味2
bleed [bliːd]	出血する	血を採る(患者の)
disinfect [dìsinfékt]	を消毒する	
alleviate [əlíːvièit]	を軽くする(苦痛・罪など)	
impart [impáːrt]	を告げる(文語的)	を知らせる / を分け与える
dismay [disméi]	をろうばいさせる	の肝をつぶす / 名ろうばい
consent [kənsént]	同意する	承諾する / 名同意
prescribe [priskráib]	を処方する	を指示する / を規定する
dispense [dispéns]	を投与する	を分配する / を分け与える
undermine [ʌ̀ndərmáin]	を徐々に弱める	をしだいに損なう
lessen [lésn]	を減らす	を少なくする / 減る

動詞
ビジネスマン

A氏、自分の生涯を会社に **dedicate** する
デディケイト

一生懸命に仕事に **strive** する
ストゥライヴ

上司の言うことを十分に **follow** する
ファロウ

自分の私的感情を **suppress** する
サプレス

自分を刺激しやる気を **summon** する
サモン

最大限に持てる力を **exert** する
イグザート

様々な困難に **surmount** する
サ〜マウント

トップを目指し同僚と **contend** する
コンテンド

意欲をなくしていた同僚を **arouse** する
アラウズ

A氏、実績で誰よりも **surpass** する
サ〜パス

11-2

dedicate [dédəkèit]	にささげる(命・一生など)	を奉納する
strive [straiv]	励む(文語的)	努力する(を得ようと)
follow [fálou]	を理解する	についていく を進んで行く
suppress [səprés]	を抑える	を抑圧する を隠す
summon [sʌ́mən]	を奮い起こす(勇気・力など)	を呼び出す を召喚する
exert [igzə́ːrt]	を発揮する(力・技能など)	を働かせる を及ぼす
surmount [səːrmáunt]	に打ち勝つ(困難など)	を乗り越える(障害など)
contend [kənténd]	競争する	闘う と主張する
arouse [əráuz]	を刺激する	を目覚めさせる
surpass [səːrpǽs]	より勝る	を越える をしのぐ

名詞

天気

湿気があってジメジメした **humidity**

大気における圧力の **atmospheric pressure**

大気中で気圧の高い **high pressure**

大気中で気圧の低い **low pressure**

低気圧の前面に発生する **warm front**

突風が吹き気温を下げる **cold front**

梅雨などにとどまる **stationary front**

寒帯で形成される **cold air mass**

ひどい寒気をもたらす **cold wave**

厳しい暑さをもたらす **heat wave**

11-3

☐ **humidity** [hju(:)mídəti]	湿度	湿気
☐ **atmospheric pressure** [ætməsférik préʃər]	気圧	
☐ **high pressure** [hái préʃər]	高気圧	
☐ **low pressure** [lóu préʃər]	低気圧	
☐ **warm front** [wɔ́:rm frʌ̀nt]	温暖前線	
☐ **cold front** [kóuld frʌ̀nt]	寒冷前線	
☐ **stationary front** [stéiʃəneri frʌ̀nt]	停滞前線	
☐ **cold air mass** [kóuld ɛ́ər mæ̀s]	寒気団	
☐ **cold wave** [kóuld wèiv]	寒波	
☐ **heat wave** [hí:t wèiv]	猛暑	

名詞

宗教

キリストを信仰する **Christianity**（クリスチアニティ）

ユダヤ人が信仰する **Judaism**（チューダイズム）

アラーを信仰する **Islam**（イスラーム）

お釈迦様が説いた **Buddhism**（ブ(ー)ディズム）

信仰の中心である教えの **doctrine**（ダクトゥリン）

信者が礼拝堂でささげる **prayer**（プレア）

アダムとイブによる人類の **degeneration**（ディヂェネレイション）

人類救済によるキリストの **Advent**（アドヴェント）

信仰の宗教を変える **conversion**（コンヴァ〜ジョン）

ルターによって始まる16世紀の **the Reformation**（ザ レフォメイション）

11-4

Christianity [krìstʃiǽnəti]	キリスト教	
Judaism [dʒúːdəìzm]	ユダヤ教	
Islam [islάːm]	イスラム教	
Buddhism [bú(ː)dizm]	仏教	
doctrine [dάktrin]	教義	教理 主義
prayer [prɛər]	祈り	祈願 祈りの言葉
degeneration [didʒènəréiʃən]	堕落	退歩 退化
Advent [ǽdvent]	降臨(キリストの)	
conversion [kənvə́ːrʒən]	改宗	転換 改変
the Reformation [ðə rèfərméiʃən]	宗教改革	

名詞

マイナスのこころ 2

こころが沈滞し重くふさぎ込む **gloom**(グルーム)

涙の日々を過こすこころの **grief**(グリーフ)

人をかわいそうに思う **compassion**(コンパッション)

人をばかにしてさげすむ **contempt**(コンテン(プ)ト)

悩みのふちに落ち込む **distress**(ディストゥレス)

人を忌み嫌う **aversion**(アヴァ～ジョン)

憎しみが燃えたぎる **hatred**(ヘイトゥレド)

悪い動機を持つ **spite**(スパイト)

相手を敵対視する **malice**(マリス)

人の不幸をこころで祈る **curse**(カ～ス)

11-5

☐ **gloom** [glu:m]	憂うつ	陰気 暗がり
☐ **grief** [gri:f]	悲しみ (文語的)	
☐ **compassion** [kəmpǽʃən]	哀れみ	同情
☐ **contempt** [kəntém(p)t]	軽蔑	屈辱 侮り
☐ **distress** [distrés]	苦悩 (文語的)	悩み 悲嘆
☐ **aversion** [əvə́:rʒən]	嫌悪	反感 大嫌いな人
☐ **hatred** [héitrid]	憎悪	憎しみ
☐ **spite** [spait]	悪意	
☐ **malice** [mǽlis]	敵意	悪意 意地悪
☐ **curse** [kə:rs]	のろい	動 をのろう 動 ののしる

名詞

利益

企業の財政状態を示す **balance sheet**(バランスシート)

簿記における負債部分の **debit**(デビット)

簿記における利益部分の **credit**(クレディト)

簿記で算出したお金の **amount**(アマウント)

次期に繰り越す残高の **balance carried over**(バランスキャリィドオウヴァ)

利益が発生する分かれ目の **break-even point**(ブレイクイーヴンポイント)

売上で上げた利益の **gross income**(グロウスインカム)

損益計算で黒字となった **ordinary income**(オーディネリィインカム)

総収入から諸費用を引いた **net income**(ネットインカム)

収益性を示す指標の **profit ratio**(プラフィトレイショウ)

11-6

☐ **balance sheet** [bǽləns ʃìːt]	貸借対照表	
☐ **debit** [débit]	借り方	動を借り入れに記入する
☐ **credit** [krédit]	貸し方	信用 名誉
☐ **amount** [əmáunt]	額	動総計〜になる
☐ **balance carried over** [bǽləns kǽrid òuvər]	繰越残高	
☐ **break-even point** [bréik íːv(ə)n pɔ́int]	損益分岐点	
☐ **gross income** [gróus ínkʌm]	総収入	
☐ **ordinary income** [ɔ́ːrdəneri ínkʌm]	経常収益	
☐ **net income** [nét ínkʌm]	純益	
☐ **profit ratio** [práfit rèiʃou]	収益率	

名詞
不正行為

社会の正義に反する **injustice**（インヂャスティス）

便宜の見返りに贈る不正な **bribe**（ブライブ）

職権を持った人間に賄賂を贈る **bribery**（ブライバリィ）

職権者が吸い上げる **gravy**（グレイヴィ）

人をカモにしてだます **fraud**（フロード）

調子よく人をごまかす **monkey business**（マンキィビズネス）

市場の市価を巧みに繰る **manipulation**（マニピュレイション）

裏で会社転覆をたくらむ **plot**（プラット）

身代わり会社としての **dummy company**（ダミィカンパニィ）

一手に株を買い占める **excessive stock piling**（イクセスィヴ スタック パイリング）

258

11-7

☐ **injustice** [indʒÁstis]	不正	不公平 権利の侵害
☐ **bribe** [braib]	賄賂	動に賄賂を贈る 動を買収する
☐ **bribery** [bráib(ə)ri]	贈収賄行為	贈賄 収賄
☐ **gravy** [gréivi]	うまい汁(俗語)	肉汁 楽に得た金
☐ **fraud** [frɔːd]	詐欺	不正手段 詐欺師
☐ **monkey business** [mÁŋki bìznis]	いんちき	
☐ **manipulation** [mənìpjuléiʃən]	不正操作(市価などの)	巧妙な操作 ごまかし
☐ **plot** [plɑt]	陰謀	筋 動をたくらむ
☐ **dummy company** [dÁmi kÁmp(ə)ni]	トンネル会社	
☐ **excessive stock piling** [iksésiv stÁk pàiliŋ]	株の買い占め	

名詞
裁判 3

証人による法廷での **testimony** (テスティモウニィ)

検察による証人への **cross-examination** (クロ(ー)スイグザミネイション)

証人が嘘の証言をする **perjury** (パ〜ヂ(ュ)リィ)

陪審員で協議して出す **verdict** (ヴァ〜ディクト)

裁判長が被告に下す **judgment** (ヂャヂメント)

判決で下す **conviction** (コンヴィクション)

判決で確定する **guilt** (ギルト)

有罪で被告に下される **punishment** (パニシメント)

情状酌量による被告への **probation** (プロウベイション)

被告に下される極刑の **execution** (エクセキューション)

11-8

testimony [téstəmòuni]	証言	証明
cross-examination [krɔ́(:)s igzæmənéiʃən]	反対尋問	
perjury [pə́:rdʒ(ə)ri]	偽証	偽証罪
verdict [və́:rdikt]	評決	判断 意見(最後の)
judgment [dʒʌ́dʒmənt]	判決	裁判 審判
conviction [kənvíkʃən]	有罪判決	確信 信念
guilt [gilt]	有罪	
punishment [pʌ́niʃmənt]	刑罰	罰
probation [proubéiʃən]	執行猶予	保護観察 試験
execution [èksəkjú:ʃən]	死刑	執行 死刑執行

形容詞

話

聞くだけむだな **trifling**(トゥライフリング) な話

軽蔑に値する **ridiculous**(リディキュラス) な話

むなしさだけが残る **void**(ヴォイド) な話

ポイントのずれた **irrelevant**(イレレヴァント) な話

意味不明の **elusive**(イルースィヴ) な話

簡潔でわかりやすい **lucid**(ルースィド) な話

論理的に筋の通った **coherent**(コウヒ(ア)レント) な話

聞くに値する **worthy**(ワ〜ズィ) な話

言葉の背後に何かある **meaningful**(ミーニングフル) な話

人の命に関わる **crucial**(クルーシャル) な話

11-9

☐ **trifling** [tráifliŋ]	くだらない	取るに足らない
☐ **ridiculous** [ridíkjuləs]	ばかげた	ばかばかしい
☐ **void** [vɔid]	空虚な	名空虚感 名むなしさ
☐ **irrelevant** [iréləvənt]	的外れの	関連のない 無関係の
☐ **elusive** [ilúːsiv]	理解しにくい	表現しにくい 記憶しにくい
☐ **lucid** [lúːsid]	明快な	わかりやすい
☐ **coherent** [kouhí(ə)rənt]	理路整然とした	筋の通っている
☐ **worthy** [wə́ːrði]	価値のある	値する
☐ **meaningful** [míːniŋfəl]	意味深長な	意味のある
☐ **crucial** [krúːʃəl]	重大な	決定的な

形容詞
ビジネス 2

世界に展開する **multinational** な企業
_{マルティナシ(ョ)ナル}

直接的に仕事をする **relevant** な取引会社
_{レレヴァント}

超一流企業が目指す **worldwide** なイメージ
_{ワールドゥワイド}

ビジネスで成功を収める **strategic** な拠点
_{ストゥラティーヂク}

市場開拓における **thorough** な調査
_{サ〜ロウ}

時間で勝敗が決まる **prompt** な決定
_{プラン(プ)ト}

会社が立てる **definite** な目標
_{デフィニト}

全社一丸で力を尽くす **utmost** な努力
_{アトゥモウスト}

なだらかに上昇する **gradual** な業績
_{グラヂュアル}

営業会議で取り上げる **pending** な問題
_{ペンディング}

11-10

multinational [mÀltənǽʃ(ə)nəl]	多国籍の	多国籍企業の 名多国籍企業
relevant [réləvənt]	関係のある	適切な 妥当な
worldwide [wə́:rldwáid]	世界的な	世界中に広がった
strategic [strətí:dʒik]	戦略上重要な	戦略の 策略の
thorough [θə́:rou]	徹底的な	まったくの 完全な
prompt [prɑm(p)t]	即座の	すばやい 動を促す
definite [défənit]	明確な	確実な 一定の
utmost [Átmòust]	最大の	極度の 最も遠い
gradual [grǽdʒuəl]	少しずつの	徐々の だんだんの
pending [péndiŋ]	未決定の	

SECTION 12

- 12-1 ● 教育 [動詞]
- 12-2 ● 上司 [動詞]
- 12-3 ● 物 4 [名詞]
- 12-4 ● 葬式 [名詞]
- 12-5 ● マイナスのこころ 3 [名詞]
- 12-6 ● 工場 [名詞]
- 12-7 ● ビジネス抽象 1 [名詞]
- 12-8 ● 暴動 [名詞]
- 12-9 ● 意見 2 [形容詞]
- 12-10 ● 社会 [形容詞]

動詞

教育

大切に自分の子供を **rear** する
_{リア}

孤児院から引き取った子供を **foster** する
_{フォ(ー)スタァ}

自分の稼ぎで大勢の家族を **nourish** する
_{ナ〜リシ}

有害な環境から子供を **shield** する
_{シールド}

立派な成人になるよう子供を **nurture** する
_{ナ〜チァ}

やりたい放題わがままに子供を **indulge** する
_{インダルヂ}

いちいち口出しして子供に **interfere** する
_{インタフィア}

励まして無気力な子供を **rouse** する
_{ラウズ}

落胆し肩を落とした子供を **stimulate** する
_{スティミュレイト}

子供を塾に通わせ習い事を **familiarize** させる
_{ファミリァライズ}

12-1

☐ **rear** [riər]	を養育する(子供)	育てる
☐ **foster** [fɔ́(:)stər]	を養育する(実子でない子供)	
☐ **nourish** [nə́:riʃ]	を養う	を養育する に栄養を与える
☐ **shield** [ʃi:ld]	を保護する	名 盾
☐ **nurture** [nə́:rtʃər]	を教育する(文語的)	を養う を養育する
☐ **indulge** [indʌ́ldʒ]	を甘やかす(子供など)	を気ままにさせる
☐ **interfere** [ìntərfíər]	干渉する	邪魔をする
☐ **rouse** [rauz]	を奮起させる	をかき立てる を元気づける
☐ **stimulate** [stímjulèit]	を元気づける	を活気づける を刺激する
☐ **familiarize** [fəmíljəràiz]	を習熟させる	

動詞

上司

上司、自分の考えを部下に **convey** する

仕事の用件を部下に **prescribe** する

部下にたくさんのノルマを **impose** する

部下に重い責任を **saddle** する

部下にそれぞれの仕事を **allot** する

注意して部下の仕事ぶりを **supervise** する

失敗した部下のミスを **reproach** する

ミスで落胆する部下を **console** する

実績を上げた部下を **elevate** させる

成績の悪い部下を地方に **transfer** させる

12-2

☐ **convey** [kənvéi]	を伝える(意見・思想など)	を運ぶ を運搬する
☐ **prescribe** [priskráib]	を指示する	を規定する を処方する
☐ **impose** [impóuz]	を課す(税・義務など)	を負わせる を押しつける
☐ **saddle** [sædl]	を負わす(重荷・責任など)	にくらをつける 名(馬の)くら
☐ **allot** [əlát]	を割り当てる	
☐ **supervise** [s(j)ú:pərvàiz]	を監督する (仕事・事業など)	
☐ **reproach** [ripróutʃ]	をとがめる	を叱る 名叱責
☐ **console** [kənsóul]	を慰める	を元気づける
☐ **elevate** [éləvèit]	を昇進させる	を持ち上げる を向上させる
☐ **transfer** [trænsfə́:r]	を転勤させる	を移す を転校させる

名詞

物 4

オフィスの事務に使う **office supplies** (オ(ー)フィス サプライズ)

物づくりに便利な **implement** (インプリメント)

レストランの調理に使う **cookware** (クックウェア)

無人でジュースを販売する **vending machine** (ヴェンディング マシーン)

病院で医師が使用する **medical instruments** (メディカル インストゥルメンツ)

電気店で販売される **electric appliance** (イレクトゥリク アプライアンス)

工場に設置された様々な **machinery** (マシーナリィ)

機械に組み込まれた多様な **component** (コンポウネント)

機械製品をつくる機械の **machine tool** (マシーン トゥール)

微細な加工に使う **precision machine** (プリスィジョン マシーン)

12-3

□ **office supplies** [ɔ́(ː)fis səpláiz]	事務用品	
□ **implement** [ímpləmənt]	道具	用具
□ **cookware** [kúkwèər]	調理器具	
□ **vending machine** [véndiŋ məʃìːn]	自動販売機	
□ **medical instruments** [médikəl ínstrumənts]	医療機器	
□ **electric appliance** [iléktrik əpláiəns]	電気機器	
□ **machinery** [məʃíːn(ə)ri]	機械類	機械装置
□ **component** [kəmpóunənt]	部品(機械などの)	
□ **machine tool** [məʃíːn tùːl]	工作機械	
□ **precision machine** [prisíʒən məʃìːn]	精密機械	

名詞

葬式

世をはかなんで命を絶つ **suicide**

家族にあてた **testament**

しめやかに行われる **funeral ceremony**

祭壇に安置された **coffin**

ひつぎの中に横たわる **corpse**

参列者が着る **mourning**

参列者が述べる **condolence**

ひつぎを運搬する **hearse**

火葬場による遺体の **cremation**

墓地に立つ **grave**

12-4

□ **suicide** [s(j)úːəsàid]	自殺	自殺者 自殺行為
□ **testament** [téstəmənt]	遺書	遺言
□ **funeral ceremony** [fjúːn(ə)rəl sérəmouni]	告別式	
□ **coffin** [kɔ́(ː)fin]	ひつぎ	
□ **corpse** [kɔːrps]	遺体	死体
□ **mourning** [mɔ́ːrniŋ]	喪服	
□ **condolence** [kəndóuləns]	お悔やみ	
□ **hearse** [həːrs]	霊柩車	
□ **cremation** [kriméiʃən]	火葬	
□ **grave** [greiv]	墓	

名詞
マイナスのこころ 3

何に対しても興味のない **apathy**（アパスィ）

責任を勝手に放棄する **irresponsibility**（イリスパンスィビリティ）

人に淡白で冷淡な **unkindness**（アンカイン(ドゥ)ネス）

どれにしようかと躊躇する **delusion**（ディルージョン）

気をもんで思いわずらう **anxiety**（アングザイアティ）

不満でこころ穏やかでない **grievance**（グリーヴ(ァ)ンス）

ゆがんだ目で見る **prejudice**（プレヂュディス）

悪の道に引きずられる **temptation**（テン(プ)テイション）

ぐーっと感情を抑える **repression**（リプレション）

こころにつきまとって離れない **obsession**（オブセション）

12-5

☐ **apathy** [ǽpəθi]	無関心	無感動
☐ **irresponsibility** [ìrispànsəbíləti]	無責任	
☐ **unkindness** [ʌnkáin(d)nəs]	不親切	
☐ **delusion** [dilúːʒən]	迷い	惑わし 妄想
☐ **anxiety** [æŋzáiəti]	心配	切望
☐ **grievance** [gríːv(ə)ns]	不平	苦情
☐ **prejudice** [prédʒudis]	偏見	動に偏見を持たせる
☐ **temptation** [tem(p)téiʃən]	誘惑	衝動
☐ **repression** [ripréʃən]	抑圧	抑制 制止
☐ **obsession** [əbséʃən]	強迫観念	

名詞

工場

織物を生産する **mill**（ミル）

様々な製品を生産する **works**（ワークス）

部品を組み立てる **assembly plant**（アセンブリィ プラント）

ベルトコンベアーで行う **assembly line**（アセンブリィ ライン）

製品が生産される流れの **production process**（プロダクション プロセス）

生産をチェックし管理する **production function**（プロダクション ファンクション）

生産の効率を示す **productivity**（プロダクティヴィティ）

製品を余分につくり過ぎる **overproduction**（オウヴァプロダクション）

労働争議で工場をクローズする **lockout**（ラカウト）

工場の操業を停止する **shutdown**（シャットダウン）

12-6

☐ **mill** [mil]	工場 (紡績・製粉・製紙などの)	製粉場
☐ **works** [wəːrks]	工場 (ふつう複合語の形で)	
☐ **assembly plant** [əsémbli plænt]	組み立て工場	
☐ **assembly line** [əsémbli làin]	流れ作業	
☐ **production process** [prədʌ́kʃən pràses]	生産工程	
☐ **production function** [prədʌ́kʃən fʌ̀ŋkʃən]	生産管理	
☐ **productivity** [pràdʌktívəti]	生産性	生産力
☐ **overproduction** [òuvərprədʌ́kʃən]	生産過剰	
☐ **lockout** [lákàut]	工場閉鎖	
☐ **shutdown** [ʃʌ́tdàun]	閉鎖(工場などの)	操業停止 一時休業

名詞

ビジネス抽象 1

無料で修理する商品の **guarantee**（ギャランティー）

商品の品質を約束する **warranty**（ウォ(ー)ランティ）

この商品は確かであるという **assurance**（アシュ(ア)ランス）

災害で起こる商品の **breakage**（ブレイケヂ）

質屋で鑑定される品物の **rating**（レイティング）

投資で上げる莫大な **return**（リターン）

公共事業の取得で行う **bidding**（ビディング）

ビジネスを立ち上げるまでの **procedure**（プロスィーヂァ）

新規オープン当日の十分な **readiness**（レディネス）

技術の開発で他社に要請する **collaboration**（コラボレイション）

12-7

英単語	意味	
guarantee [gærəntí:]	保証(公式的な)	
warranty [wɔ́(:)rənti]	保証(商品の品質などの)	
assurance [əʃú(ə)rəns]	保証(〜という)	
breakage [bréikidʒ]	破損	壊れ
rating [réitiŋ]	評価	見積もり額 / 視聴率
return [ritə́:rn]	収益	帰り / 動を返す
bidding [bídiŋ]	入札	命令
procedure [prəsí:dʒər]	手順	手続き / 処置
readiness [rédinis]	準備(された状態)	用意 / 快諾
collaboration [kəlæbəréiʃən]	協力	合作 / 共同開発

名詞

暴動

バラックの小屋が建つ ghetto(ゲットウ)

そこに住む多くの populace(パビュラス)

その街に住む住人の majority(マジョ(ー)リティ)

不法行為が慢性化した chaos(ケイアス)

民衆の不満から起こる disorder(ディスオーダァ)

暴動に加わる多くの throng(スロ(ー)ング)

暴動による街の mix-up(ミクサプ)

流血騒ぎによる命の peril(ペリル)

暴動から逃れる refuge(レフューデ)

住人が街から出る escape(エスケイプ)

12-8

☐ **ghetto** [gétou]	スラム街	
☐ **populace** [pápjuləs]	民衆（ふつうtheをつけて）	大衆 庶民
☐ **majority** [mədʒɔ́(:)rəti]	大多数	得票の差
☐ **chaos** [kéiɑs]	無秩序	混乱状態 混沌
☐ **disorder** [disɔ́:rdər]	暴動	混乱 不調
☐ **throng** [θrɔ(:)ŋ]	群衆	
☐ **mix-up** [míksÀp]	混乱	混乱状態 手違い
☐ **peril** [pér(ə)l]	危険（文語的）	危険物
☐ **refuge** [réfju:dʒ]	避難	保護
☐ **escape** [iskéip]	脱出	動を逃れる 動逃げる

形容詞

意見 2

相手の考えに反する **adverse** な意見

自分一人でまくし立てる **unilateral** な意見

取るに足らない **negligible** な意見

意味が明瞭の **articulate** な意見

わずかな言葉でまとめた **brief** な意見

その場にふさわしい **suitable** な意見

ストレートに語られる **firsthand** な意見

誰もが納得のいく **valid** な意見

二人の間に立った **neutral** な意見

軽々しく扱えない **significant** な意見

12-9

☐ **adverse** [ædvə́ːrs]	逆の	反対の
☐ **unilateral** [jùːnəlǽt(ə)rəl]	一方的な	一方のみの
☐ **negligible** [néglədʒəbl]	無視してよい	取るに足りない
☐ **articulate** [ɑːrtíkjulit]	はっきりした (発音・言語が)	
☐ **brief** [briːf]	簡潔な	短時間の
☐ **suitable** [s(j)úːtəbl]	適切な	ふさわしい 似合う
☐ **firsthand** [fə́ːrsthǽnd]	直接の	じかに得た
☐ **valid** [vǽlid]	妥当な	正当な根拠のある 合法的な
☐ **neutral** [n(j)úːtrəl]	中立の	特色のない 名中立国
☐ **significant** [signífəkənt]	重要な	意義深い 意味ありげな

形容詞

社会

誰もが望む **impartial**(インパーシャル) な社会

福祉が行き届いた **substantial**(サブスタンシャル) な社会

むだなものを排斥した **rational**(ラシ(ョ)ナル) な社会

一人ぼっちで寂しい **lone**(ロウン) な社会

何の刺激もない **tedious**(ティーディアス) な社会

他人などどうでもいい **indifferent**(インディフ(ァ)レント) な社会

よそ者を寄せつけない **exclusive**(イクスクルースィヴ) な社会

差別がまかり通る **unjust**(アンヂァスト) な社会

将来の展望が見えない **uneasy**(アンイーズィ) な社会

学歴で象徴される **competitive**(コンペティティヴ) な社会

12-10

impartial [impá:rʃəl]	公平な	片寄らない えこひいきのない
substantial [səbstǽnʃəl]	充実した	中身のある かなりの
rational [rǽʃ(ə)nəl]	合理的な	理性の
lone [loun]	孤独な	
tedious [tí:diəs]	退屈な	飽きあきする
indifferent [indíf(ə)rənt]	無関心な	どうでもよい 公平な
exclusive [iksklú:siv]	排他的な	閉鎖的な 独占的な
unjust [ʌndʒʌ́st]	不公平な	不当な 不正な
uneasy [ʌní:zi]	不安な	心配な
competitive [kəmpétətiv]	競争の	競争力のある 競争好きな

SECTION 13

- 13-1 ● 行為 [動詞]
- 13-2 ● 会社 2 [動詞]
- 13-3 ● 物理 [名詞]
- 13-4 ● 新聞 [名詞]
- 13-5 ● 人生 2 [名詞]
- 13-6 ● 労働 [名詞]
- 13-7 ● ビジネス抽象 2 [名詞]
- 13-8 ● 紛争 [名詞]
- 13-9 ● 態度 [形容詞]
- 13-10 ● 経済 2 [形容詞]

動詞

行為

娘、父親の言うことに **withstand** する
（ウィズスタンド）

息子、親に資金の援助を **solicit** する
（ソリスィット）

夫、妻に不倫の許しを **entreat** する
（エントゥリート）

上司、部下を辞職するように **induce** する
（インデュース）

社長、一方的に契約を **infringe** する
（インフリンヂ）

泥棒、窃盗目的で他人の土地に **trespass** する
（トゥレスパス）

ヤクザ、平気で他人の権利を **impinge** する
（インピンヂ）

暴走族、日ごろの不満を暴走行為に **resort** する
（リゾート）

過激派、武装した機動隊に **resist** する
（リズィスト）

野党、罵声で議事の進行を **obstruct** する
（オブストゥラクト）

13-1

withstand [wiðstǽnd]	にさからう	に抵抗する 持ちこたえる
solicit [səlísit]	を懇願する（金・援助など）	にせがむ を請い求める
entreat [intríːt]	を請う	に懇願する
induce [ind(j)úːs]	にするように仕向ける（説得などによって）	にするように勧める を引き起こす
infringe [infríndʒ]	を破る（法律・契約など）	に違反する を侵害する（権利など）
trespass [tréspəs]	不法に侵入する（他人の土地に）	
impinge [impíndʒ]	侵害する（財産・権利など）	打つ 突き当たる
resort [rizɔ́ːrt]	訴える（ある手段に）	名行楽地 名手段（訴える）
resist [rizíst]	に抵抗する	
obstruct [əbstrʌ́kt]	を妨害する（議事などの進行）	を邪魔する をふさぐ

動詞

会社 2

多角経営でビジネスを **diversify** する
ディヴァースィファイ

ベンチャー企業に資金を **pool** する
プール

二つの会社を一つに **merge** する
マ～ヂ

買収する会社の価値を **evaluate** する
イヴァリュエイト

難航していた企業進出を **abandon** する
アバンドン

社内の組織をスッキリと **streamline** する
ストゥリームライン

分散していた組織を一つに **integrate** する
インテグレイト

採算の取れない事業から **withdraw** する
ウィズドゥロー

抱えていた負債を徐々に **liquidate** する
リクウィデイト

資産を売却し有利子負債を **diminish** する
ディミニシ

13-2

diversify [divə́:rsəfài]	を多様化する	を種々様々に変化させる
pool [pu:l]	を共同出資する	名 資金
merge [mə:rdʒ]	を合弁する	
evaluate [ivǽljuèit]	を査定する	を鑑定する を評価する
abandon [əbǽndən]	を断念する	を捨てる をやめる
streamline [strí:mlàin]	を合理化する	を簡素化する を能率化する
integrate [íntəgrèit]	を統合する	
withdraw [wiðdrɔ́:]	撤退する	を引っ込める を撤回する
liquidate [líkwidèit]	を返済する(負債など)	を整理する(倒産会社など)
diminish [dimíniʃ]	を減らす(文語的)	を少なくする 減少する

名詞

物理

物体が占める空間での **bulk**（バルク）

1対3などで表す数字の **ratio**（レイショウ）

物の速さを表示する **velocity**（ヴェラスィティ）

物体を動かす力の **momentum**（モウメンタム）

物体を浮かす力の **buoyancy**（ボイアンスィ）

物体を地球に引きつける力の **gravity**（グラヴィティ）

円運動ではたらく力の **centrifugal force**（セントゥリフュガル フォース）

物体が互いに引き合う **gravitation**（グラヴィテイション）

物体が宙に漂う **zero gravity**（ズィ(ア)ロ グラヴィティ）

特定の数値を入れて解く **equation**（イクウェイション）

13-3

bulk [bʌlk]	容積	体積
ratio [réiʃou]	比率	割合
velocity [vəlásəti]	速度	
momentum [mouméntəm]	運動量	勢い はずみ
buoyancy [bɔ́iənsi]	浮力	快活さ 楽天性
gravity [grǽvəti]	重力	
centrifugal force [sentrífjugəl fɔ́ːrs]	遠心力	
gravitation [grævətéiʃən]	引力	
zero gravity [zí(ə)rou grǽvəti]	無重力	
equation [ikwéiʒən]	方程式	等式

名詞

新聞

目に飛び込む新聞記事の **headline**（ヘドゥラインヌ）

新聞社の意見を主張する **editorial**（エディトーリアル）

読者を引きつける新聞の **cover story**（カヴァ ストーリィ）

人生の悩みを相談する **agony column**（アゴニィ カラム）

人の死亡を伝える **obituary**（オビチュエリィ）

政治家を風刺した **cartoon**（カートゥーン）

数行で書かれた広告の **classified ad**（クラスィファイド アッド）

新聞の間に入れられたチラシの **insert**（インサ〜ト）

新聞社が発行する部数の **circulation**（サ〜キュレイション）

新聞購読をする **subscription**（サブスクリプション）

13-4

headline [hédlàin]	見出し	
editorial [èdətɔ́:riəl]	社説	形 編集の 形 社説の
cover story [kʌ́vər stɔ̀:ri]	特集記事	
agony column [ǽgəni kàləm]	身の上相談欄	
obituary [əbítʃuèri]	死亡記事	
cartoon [kɑ:rtú:n]	時事漫画	漫画映画 アニメ
classified ad [klǽsəfaid ǽd]	項目別広告	
insert [ínsə:rt]	折り込み広告	挿入物 差し込みページ
circulation [sè:rkjuléiʃən]	発行部数	循環 流通
subscription [səbskrípʃən]	予約申し込み	

名詞

人生 2

まじめに真心を込める **integrity**
（インテグリティ）

敬意を持って人に対する **courtesy**
（カーテスィ）

来客にこころからお世話する **hospitality**
（ハスピタリティ）

身を粉にして尽くす **devotion**
（ディヴォウション）

親しい人との最後の **farewell**
（フェアウェル）

絶対に守ると誓う **pledge**
（プレッヂ）

身の回りにおける注意深い **precaution**
（プリコーション）

社会人として果たすべき **liability**
（ライアビリティ）

頑張ることで除く不安の **relief**
（リリーフ）

ついに成し遂げた偉大なる **triumph**
（トゥライアンフ）

13-5

単語	意味1	意味2
integrity [intégrəti]	誠実	正直
courtesy [kə́ːrtəsi]	礼儀	丁重さ 礼儀正しさ
hospitality [hὰspətǽləti]	手厚いもてなし	歓待
devotion [divóuʃən]	献身	専念 愛着
farewell [fὲərwél]	別れ(文語的)	別れの挨拶
pledge [plédʒ]	固い約束	誓約 動 誓う
precaution [prikɔ́ːʃən]	用心	警戒 予防策
liability [lὰiəbíləti]	義務(〜する)	責任
relief [rilíːf]	除去 (不安・苦痛などの)	救助
triumph [tráiəmf]	大成功	勝利 動 勝利を得る

名詞

労働

総人口の中で労働者が占める **working population**

職を失った労働者の **unemployment rate**

雇用の契約で労働者に提示する **working conditions**

労働条件をめぐって紛争する **labor dispute**

労働条件で組織的に行う **labor movement**

会社と労働組合が行う **collective bargaining**

労働者の戦略として行う **walkout**

期限を定めず行う **indefinite-period strike**

法を破って行う **wildcat strike**

企業と労働者が結ぶ **labor agreement**

13-6

☐ **working population** [wə́ːrkiŋ pɑpjuléiʃən]	労働人口	
☐ **unemployment rate** [ʌ̀nimplɔ́imənt rèit]	失業率	
☐ **working conditions** [wə́ːrkiŋ kəndìʃənz]	労働条件(複数形で)	
☐ **labor dispute** [léibər dispjùːt]	労働争議	
☐ **labor movement** [léibər mùːvmənt]	労働運動	
☐ **collective bargaining** [kəléktiv báːrginiŋ]	団体交渉	
☐ **walkout** [wɔ́ːkàut]	ストライキ	撤退 退出
☐ **indefinite-period strike** [indéfənit pì(ə)riəd stráik]	無期限スト	
☐ **wildcat strike** [wáildkæt stráik]	違法スト	
☐ **labor agreement** [léibər əgrìːmənt]	労働協約	

名詞

ビジネス抽象 2

所有している株の **holding**(ホウルディング)

危険を承知でする事業の **venture**(ヴェンチァ)

均等に支店に配る商品の **distribution**(ディストゥリビューション)

方針を変える企業戦略の **changeover**(チェインヂォウヴァ)

具体的に行う事業の **enforcement**(エンフォースメント)

他社にゆだねる事業の **commission**(コミッション)

これ以上は上がらない給料の **ceiling**(スィーリング)

急落を恐れる株価の **concern**(コンサ~ン)

契約書に記載された細かな **clause**(クローズ)

公害における企業の **reparation**(レパレイション)

13-7

☐ **holding** [hóuldiŋ]	持ち株 (しばしば複数形で)	所有 所有地
☐ **venture** [véntʃər]	冒険的事業	投機 動を危険にさらす
☐ **distribution** [dìstrəbjúːʃən]	分配	配給 分布
☐ **changeover** [tʃéindʒòuvər]	転換	切り替え
☐ **enforcement** [infɔ́ːrsmənt]	実施	強制
☐ **commission** [kəmíʃən]	委任	手数料 任務
☐ **ceiling** [síːliŋ]	上限	最高限度 天井
☐ **concern** [kənsɔ́ːrn]	懸念	関心事 動に関係がある
☐ **clause** [klɔːz]	条項	
☐ **reparation** [rèpəréiʃən]	賠償	償い

名詞

紛争

暴君によるしたい放題の **tyranny**（ティラニィ）

無法地帯で起こる群衆の **riot**（ライアト）

支配者への不満から起こる **insurrection**（インサレクション）

世界各地で勃発する **strife**（ストゥライフ）

他国に武力で侵入する **invasion**（インヴェイジョン）

紛争で繰り広げる **warfare**（ウォーフェア）

非常事態を市民に告げる **martial law**（マーシャル ロー）

地面に敷き詰められた **mine**（マイン）

爆撃で炸裂する **ammunition**（アミュニション）

陣営を防備する強固な **fort**（フォート）

13-8

tyranny [tírəni]	暴政	圧制 暴虐
riot [ráiət]	暴動	騒動
insurrection [ìnsərékʃən]	反乱(文語的)	暴動
strife [straif]	紛争	争い 闘争
invasion [invéiʒən]	侵略	侵入 侵害
warfare [wɔ́ːrfèər]	戦闘	戦争 交戦状態
martial law [mɑ́ːrʃəl lɔ́ː]	戒厳令	
mine [main]	地雷	鉱山 動を採掘する
ammunition [æ̀mjuníʃən]	弾薬	
fort [fɔːrt]	要塞	

形容詞

態度

一途に取り組む **earnest**(アーネスト) な態度

絶対に後には引かない **utter**(アタァ) な態度

どのようにでも対応する **flexible**(フレクスィブル) な態度

飾り気のない **bluff**(ブラフ) な態度

気がすぐに変わる **changeable**(チェインヂャブル) な態度

イエスかノーかはっきりしない **obscure**(オブスキュア) な態度

すぐ人に左右される **indecisive**(インディサイスィヴ) な態度

嫌悪感をあらわにした **nasty**(ナスティ) な態度

人に当たり散らす **sullen**(サルン) な態度

人を疑ってかかる **skeptical**(スケプティカル) な態度

13-9

☐ **earnest** [ə́ːrnist]	真剣な	まじめな 熱心な
☐ **utter** [ʌ́tər]	断固とした	まったくの 完全な
☐ **flexible** [fléksəbl]	柔軟な	曲げやすい 融通のきく
☐ **bluff** [blʌf]	ぶっきらぼうな	率直な 飾り気のない
☐ **changeable** [tʃéindʒəbl]	気まぐれな	変わりやすい
☐ **obscure** [əbskjúər]	あいまいな	
☐ **indecisive** [indisáisiv]	優柔不断な	決断力のない 決定的でない
☐ **nasty** [nǽsti]	不快な	嫌な 意地悪な
☐ **sullen** [sʌ́lən]	不機嫌な	無口で陰気な すねた
☐ **skeptical** [sképtikəl]	懐疑的な	

形容詞

経済 2

確定申告で **deductible**(ディダクティブル) な医療費

経営難による **financial**(フィナンシャル) な問題

倒産寸前で借金が **insolvent**(インサルヴ(ェ)ント) な会社

経営の破綻で **bankrupt**(バンクラプト) な会社

安定した株価の **blue-chip**(ブルー チップ) な企業

為替レートが上下する **perpetual**(パペチュアル) な変動

リストラが吹き荒れる **depressed**(ディプレスト) な経済

財政黒字が続く **prosperous**(プラスペラス) な国家

デノミネーションによる **monetary**(マネテリィ) の変更

世界蔵相会議による **comprehensive**(カンプリヘンスィヴ) な協議

13-10

☐ **deductible** [didʌ́ktəbl]	控除できる	差し引ける
☐ **financial** [finǽnʃəl]	財政上の	財界の
☐ **insolvent** [insάlv(ə)nt]	返済不能の	破産した
☐ **bankrupt** [bǽŋkrʌpt]	破産した	名 破産者 動 を破産させる
☐ **blue-chip** [blúː tʃíp]	優良な	優良株の 名 優良株
☐ **perpetual** [pərpétʃuəl]	絶え間のない	永久の 永続する
☐ **depressed** [diprést]	不景気の	不況の 元気のない
☐ **prosperous** [prάsp(ə)rəs]	繁栄している	盛んな 景気のよい
☐ **monetary** [mʌ́nətèri]	通貨の	貨幣の
☐ **comprehensive** [kὰmprihénsiv]	包括的な	広範囲の

SECTION 14

14-1 ● 話す [動詞]

14-2 ● ビジネス３ [動詞]

14-3 ● 車 [名詞]

14-4 ● 報道 [名詞]

14-5 ● 負の人生 [名詞]

14-6 ● 商品２ [名詞]

14-7 ● 国家 [名詞]

14-8 ● 独裁政治 [名詞]

14-9 ● 様々な人 [形容詞]

14-10 ● 裁判４ [形容詞]

動詞

話す

群衆の中でワーワーと **clamor** する
（クラマァ）

恐怖のあまりキャーと **shriek** する
（シリーク）

悲しみのあまりオイオイと **wail** する
（ウェイル）

駅前の交番で道を **inquire** する
（インクワイア）

聴衆の前で自分の考えを **state** する
（ステイト）

遠慮がちに自分の意見を **understate** する
（アンダステイト）

誰かれかまわず自分の意見を **allege** する
（アレッヂ）

友人に対し約束を **vow** する
（ヴァウ）

絶対に約束は守ると **predge** する
（プレッヂ）

公約の実現を大衆に **proclaim** する
（プロウクレイム）

14-1

☐ **clamor** [klǽmər]	騒ぎ立てる	騒ぐ 图叫び
☐ **shriek** [ʃriːk]	悲鳴をあげる	金切り声をあげる 图悲鳴
☐ **wail** [weil]	泣き叫ぶ	を嘆き悲しむ
☐ **inquire** [inkwáiər]	を尋ねる(形式的)	
☐ **state** [steit]	を述べる	图州 图状態
☐ **understate** [ʌ̀ndərstéit]	を控えめに述べる	
☐ **allege** [əlédʒ]	を主張する(強く)	
☐ **vow** [vau]	を誓う(一般的)	を誓約する 图誓い
☐ **pledge** [pledʒ]	を誓う(固い約束)	を誓約する 图誓約
☐ **proclaim** [proukléim]	を宣言する(文語的)	

動詞

ビジネス 3

推進していた計画が **backfire** する

違法なビジネスで営業権を **forfeit** する

経営悪化で社員を **discharge** する

企業努力で失った信用を **retrieve** する

消費者に対し商品の品質を **guarantee** する

最新鋭の機械を導入し工場を **modernize** する

推進していた事業の成功を **ensure** する

海外の企業と積極的に取引を **transact** する

潤沢な資金力で他社を **overwhelm** する

経営が軌道に乗り会社は **thrive** する

14-2

☐ **backfire** [bǽkfàiə*r*]	裏目に出る	失敗する
☐ **forfeit** [fɔ́:*r*fit]	を失う(過失の結果罰として)	を没収される
☐ **discharge** [distʃá:*r*dʒ]	を解雇する	を解放する を降ろす
☐ **retrieve** [ritrí:v]	を取り戻す	を訂正する を取り返す
☐ **guarantee** [gærəntí:]	を保証する	名 保証
☐ **modernize** [mádə*r*nàiz]	を近代化する	を現代化する
☐ **ensure** [inʃúə*r*]	を確実にする	
☐ **transact** [trænsǽkt]	を行う(取引など)	を処理する(事務など)
☐ **overwhelm** [òuvə*r*(h)wélm]	を圧倒する	に打ち勝つ を打ちのめす
☐ **thrive** [θraiv]	繁栄する	栄える よく成長する

名詞

車

法で規定された車体の **gauge**（ゲイヂ）

エンジンが持つ高い **performance**（パフォーマンス）

オプションでつけられた車の **function**（ファンクション）

ユーザーに安心感を与える **credibility**（クレディビリティ）

砂漠を走っても故障しない **durability**（デュ(ア)ラビリティ）

1秒の狂いもないメーターの **accuracy**（アキュラスィ）

エンジンの不調による車の **malfunction**（マルファン(ク)ション）

構造上持つエンジンの **defect**（ディーフェクト）

廃車による車の **disposal**（ディスポウザル）

処分で捨てられる **waste**（ウェイスト）

14-3

gauge [geidʒ]	規格	標準寸法 / 動を測る
performance [pərfɔ́:rməns]	性能	遂行 / 演奏
function [fʌ́ŋkʃən]	機能	役目 / 式典
credibility [krèdəbíləti]	信頼性	信用
durability [d(j)ù(ə)rəbíləti]	耐久性	耐久力
accuracy [ǽkjurəsi]	精度	正確さ / 精密
malfunction [mælfʌ́ŋ(k)ʃən]	故障(機械などの)	不調
defect [dí:fekt]	欠陥	欠点 / 短所
disposal [dispóuz(ə)l]	処分	売却 / 処理
waste [weist]	廃棄物 (しばしば複数形で)	浪費 / 動をむだに使う

名詞

報道

大統領官邸で行われる **press conference**

報道陣の前でなされる **communiqué**

公にされる機密の **publication**

テレビによる記者会見の **coverage**

番組の途中で流される **bulletin**

取材合戦による **feeding frenzy**

新たな情報が続いて伝えられる **follow-up**

間違えて情報が伝えられる **false report**

衛星を使っての **transmission via satellite**

ニュースを配信する **wire service**

14-4

press conference [prés kánf(ə)rəns]	記者会見	
communiqué [kəmjù:nəkéi]	公式発表	広報 コミュニケ
publication [pʌblikéiʃən]	公表	出版 出版物
coverage [kʌ́v(ə)ridʒ]	報道	補償(保険の) 補償額
bulletin [búlətn]	ニュース速報	広報 会報
feeding frenzy [fí:diŋ frènzi]	過熱報道	
follow-up [fálou ʌ̀p]	続報	
false report [fɔ́:ls ripɔ́:rt]	誤報	
transmission via satellite [trænsmíʃən váiə sǽtəlàit]	衛星中継	
wire service [wáiər sə́:rvis]	通信社	

名詞

負の人生

人から注がれる言われなき **bias**（バイアス）

陰で受けるしつこい **harassment**（ハラスメント）

村八分による **isolation**（アイソレイション）

人生に立ちはだかる様々な **obstacle**（アブスタクル）

身にふりかかる苦しい **hardship**（ハードゥシプ）

名誉をズタズタに傷つける **slander**（スランダァ）

写真週刊誌による悪質な **libel**（ライベル）

社会的信頼を損なう **dishonor**（ディスアナァ）

すべて台無しにする人生の **ruin**（ルーイン）

人生を呪いたくなる悪い **doom**（ドゥーム）

14-5

単語	意味1	意味2
bias [báiəs]	偏見	先入観 / 傾向
harassment [hærəsmənt]	いやがらせ	セクハラ
isolation [àisəléiʃən]	孤立	隔離 / 分離
obstacle [ábstəkl]	障害	障害物 / じゃま
hardship [háːrdʃip]	苦難	困窮 / 難事
slander [slǽndər]	中傷（口頭による）	悪口 / 名誉毀損
libel [láib(ə)l]	中傷（文章による）	悪口 / 名誉毀損
dishonor [disánər]	不名誉	恥辱
ruin [rúːin]	破滅	動を破壊させる
doom [duːm]	運命（悪い）	悲運 / 破産

名詞

商品 2

ブランド品を模倣してつくった **fake**

本物そっくりにつくられた **counterfeit goods**

生産元に返品された **lemon**

機能の面で異常のある **defective product**

商品企画を具体的にする **commercialization**

倉庫に積まれた在庫の **inventory**

パッケージに記載された値段の **regular price**

市場で販売される値段の **market price**

バーゲンで販売される値段の **sale price**

商品の修理を保証する **period of guarantee**

14-6

☐ **fake** [feik]	にせ物	動を模造する
☐ **counterfeit goods** [káuntərfit gùdz]	まがいもの商品	
☐ **lemon** [lémən]	不良品(俗語)	レモン
☐ **defective product** [diféktiv prədʌkt]	欠陥商品	
☐ **commercialization** [kəmə̀:rʃəlaizéiʃən]	商品化	
☐ **inventory** [ínvəntɔ̀:ri]	目録(在庫品)	棚卸表
☐ **regular price** [régjulər pràis]	正規価格	
☐ **market price** [má:rkit pràis]	市価	
☐ **sale price** [séil pràis]	特価	
☐ **period of guarantee** [pí(ə)riəd (ə)v gærəntí:]	保証期間	

名詞

国家

法を制定する **legislation**　レヂスレイション

内閣の統括のもとで行う **administration**　アドゥミニストゥレイション

民事・刑事の裁判を行う **judicature**　ヂューディケイチァ

アメリカの立法機関である **Congress**　カングレス

日本の立法機関である **the Diet**　ザ ダイエト

国の行政権を執行する **the Cabinet**　ザ キャビネト

州の立法を司る **legislature**　レヂスレイチァ

国の行政を区画する **province**　プラヴィンス

市町村を包括する **prefecture**　プリーフェクチァ

州をさらに分割した **county**　カウンティ

14-7

legislation [lèdʒisléiʃən]	立法	
administration [ædmìnəstréiʃən]	行政	
judicature [dʒúːdikèitʃər]	司法	
Congress [káŋgres]	国会(アメリカ)	
the Diet [ðə dáiət]	国会 (日本・デンマークなど)	
the Cabinet [ðə kǽbənit]	内閣	
legislature [lédʒislèitʃər]	州議会 (ふつうtheをつけて)	立法機関 立法府
province [právins]	州 (カナダ・オーストラリアなどの)	省
prefecture [príːfektʃər]	県(日本などの)	府
county [káunti]	郡	

名詞
独裁政治

一人の人間で国を支配する **dictator**（ディクテイタア）

独裁者が国家を統治する **autocracy**（オータクラスィ）

武力弾圧による国民の **domination**（ダミネイション）

出版物に対する強権的な **censorship**（センサシプ）

独裁者に抵抗する **dissident**（ディスィデント）

市民の暴動による **anarchy**（アナキィ）

戒厳令による市民への **curfew**（カ〜フュー）

軍隊による市民への **surveillance**（サ〜ヴェイランス）

反体制派幹部の海外への **defection**（ディフェクション）

没収する亡命者の **private property**（プライヴェト プラパティ）

14-8

dictator [díkteitər]	独裁者	
autocracy [ɔːtákrəsi]	独裁政治	独裁国家
domination [dàmənéiʃən]	支配	制圧 / 統御
censorship [sénsərʃip]	検閲	
dissident [dísid(ə)nt]	反体制派	形 反対意見の
anarchy [ǽnərki]	社会的混乱	無秩序 / 無政府状態
curfew [kə́ːrfjuː]	夜間外出禁止令	門限
surveillance [sərvéiləns]	監視	見張り
defection [difékʃən]	亡命	脱会 / 脱党
private property [práivət prápərti]	私有財産	

形容詞
様々な人

惜しみなく友人にごちそうする **lavish**(ラヴィシ)な人

色々と問題が多く **faulty**(フォールティ)な人

いたずら好きの **naughty**(ノーティ)な人

石橋をたたいて渡る **discreet**(ディスクリート)な人

自分に優しく他人に厳格で **strict**(ストゥリクト)な人

結果を考えず行動する **reckless**(レクレス)な人

無鉄砲で命知らずの **foolhardy**(フールハーディ)な人

試合の相手として強敵な **formidable**(フォーミダブル)な人

怒りを爆発させた **indignant**(インディグナント)な人

あまりの悲しさに泣き叫ぶ **frantic**(フランティク)な人

lavish [lǽviʃ]	気前のよい	物惜しみしない 動を惜しまず与える
faulty [fɔ́:lti]	欠点のある	不完全な 欠陥のある
naughty [nɔ́:ti]	腕白な	いたずらな
discreet [diskrí:t]	慎重な	考え深い 分別のある
strict [strikt]	厳しい	厳格な 厳密な
reckless [réklis]	向こう見ずな	無鉄砲な がむしゃらな
foolhardy [fú:lhà:rdi]	無謀な	向こう見ずな 無鉄砲な
formidable [fɔ́:rmidəbl]	手ごわい	恐ろしい
indignant [indígnənt]	憤慨した	立腹した
frantic [frǽntik]	半狂乱な	気が変にならんばかりの

形容詞

裁判 4

過去に類例のない **wretched**(レチド) な事件

法廷で行われる **solemn**(サレム) な裁判

検察官による **verbal**(ヴァ～バル) な陳述

陳述で公開する **overt**(オウヴァ～ト) な内容

裁判官に提出した **manifest**(マニフェスト) な証拠

被告が述べる **invalid**(インヴァリド) なアリバイ

被告が繰り返す **vague**(ヴェイグ) な発言

被告による **evasive**(イヴェイスィヴ) な弁解

明確な証拠による **inevitable**(インエヴィタブル) な有罪判決

裁判長が下す **judicial**(ヂュ(ー)ディシャル) な決定

wretched [rétʃid]	悲惨な	不幸な みじめな
solemn [sáləm]	厳粛な	重々しい まじめな
verbal [və́ːrbəl]	口頭の (文語的)	言葉の
overt [óuvəːrt]	あからさまの	公然たる 隠さない
manifest [mǽnəfèst]	明白な (文語的)	動を明らかにする
invalid [invǽlid]	根拠の薄い	無効の
vague [veig]	あいまいな	はっきりしない 漠然とした
evasive [ivéisiv]	ごまかしの	責任逃れの 回避の
inevitable [inévətəbl]	避けられない	逃げられない
judicial [dʒu(ː)díʃəl]	裁判の	司法の 裁判所の

SECTION 15

- 15-1 ● 言葉2[動詞]
- 15-2 ● 会議2[動詞]
- 15-3 ● 食べ物2[名詞]
- 15-4 ● 公害[名詞]
- 15-5 ● 抽象3[名詞]
- 15-6 ● 通貨[名詞]
- 15-7 ● 政府2[名詞]
- 15-8 ● 自然2[形容詞]
- 15-9 ● 色々な人間[形容詞]
- 15-10 ● 国[形容詞]

動詞

言葉 2

かわいい女の子におずおずと **address** する

言葉で自分の意志を **signify** する

簡潔な言葉で自然の情景を **render** する

難解な言葉をわかりやすく **paraphrase** する

スピーチで有名な言葉を **quote** する

説得力のある上司の意見を **uphold** する

尋問室で自分の罪を **confess** する

譲歩して相手の意見を **concede** する

相手と自分の意見が **accord** する

なかなか相手と自分の意見が **disagree** する

15-1

address [ədrés]	に話しかける	名住所
signify [sígnəfài]	を示す（動作・言葉などで）	を表す / を意味する
render [réndər]	を表現する	を描写する / を与える
paraphrase [pǽrəfrèiz]	を言い換える	名言い換え
quote [kwout]	を引用する（人の言葉・文章など)	
uphold [ʌphóuld]	を支持する	を支える / を持ち上げる
confess [kənfés]	を白状する	
concede [kənsí:d]	を認める（譲歩して）	を与える（権利として）
accord [əkɔ́:rd]	一致する	を与える / 名一致
disagree [dìsəgrí:]	一致しない	合わない

動詞

会議 2

定例会議に役員を **convene** する

会の進行で部長が **preside** する

時間きっかりに会議を **commence** する

皆遠慮して自分の発言を **refrain** する

議長は役員から意見を **extract** する

時間がだらだらと流れ会議を **prolong** する

時間が差し迫り議案を **decide** する

しかし誰もその議案に **disapprove** する

やむなく会議を **adjourn** する

日を改めて再び会議を **resume** する

15-2

convene [kənvíːn]	を招集する(会など)	開かれる(会が) 集う(人が)
preside [prizáid]	議長をする	司会をする 司る
commence [kəméns]	を始める	に着手する 始まる
refrain [rifréin]	差し控える	慎む
extract [ikstrǽkt]	を引き出す(金・情報など)	を抜き取る を奪い取る
prolong [prəlɔ́(ː)ŋ]	を長引かせる	を長くする(時間) を延長する
decide [disáid]	を決議する	を決める と決心する
disapprove [dìsəprúːv]	に賛成しない	を不可とする を承認しない
adjourn [ədʒə́ːrn]	を休会する(会議など)	を散会する
resume [riz(j)úːm]	を再開する	再び始める 再び続ける

名詞

食べ物 2

祝いのたびに食卓に並ぶ **feast**（フィースト）

一流ホテルで食べる昼の **luncheon**（ランチョン）

空腹のときにつまむ **refreshments**（リフレシメンツ）

食事の前に飲む **aperitif**（アーベリティーフ）

ごちそうから漂う **flavor**（フレイヴァ）

嗅覚に強い刺激のある **savor**（セイヴァ）

スパイスの効いた料理の **zest**（ゼスト）

オーブンに入れるパンの **dough**（ドウ）

チーズの固まりを切り取った **chunk**（チャンク）

料理学校で教える料理の **cuisine**（クウィズィーン）

15-3

☐ **feast** [fi:st]	ごちそう	祝宴
☐ **luncheon** [lʌ́ntʃən]	昼食(正式な)	
☐ **refreshments** [rifréʃmənts]	軽い飲食物(複数形で)	茶菓子
☐ **aperitif** [ɑ:pèritíːf]	食前酒	
☐ **flavor** [fléivər]	風味(味と匂いが加わった)	味(独特の)
☐ **savor** [séivər]	風味(強い刺激を強調)	味 動を味わう
☐ **zest** [zest]	ピリッとする味	強い香味 刺激
☐ **dough** [dou]	生地(パンの)	練り粉 生パン
☐ **chunk** [tʃʌŋk]	厚い一片(パン・チーズなどの)	大量 大きな固まり
☐ **cuisine** [kwizíːn]	料理法	

名詞

公害

車からもくもく出る **exhaust gas**
(イグゾースト ギャス)

工場から川に流される **industrial waste water**
(インダストゥリアル ウェイスト ウォータァ)

川と海の水を汚す **sewage**
(スーイヂ)

老廃物が堆積したドロドロの **sludge**
(スラッヂ)

ヘドロからブクブクと出る **foam**
(フォウム)

化学工場の煙突から出される **photochemical gas**
(フォウトケミカル ギャス)

きれいな空気を汚す **air pollution**
(エア ポルーション)

核燃料で発電する **nuclear reactor**
(ニュークリア リ(ー)アクタァ)

原子炉から出る **nuclear waste**
(ニュークリア ウェイスト)

核廃棄物が放つ **radioactivity**
(レイディオウアクティヴィティ)

15-4

exhaust gas [igzɔ́:st gǽs]	排気ガス	
industrial waste water [indʌ́striəl wéist wɔ̀:tər]	工場排水	
sewage [sú:idʒ]	汚水	下水
sludge [slʌdʒ]	ヘドロ	ぬかるみ
foam [foum]	泡	あぶく
photochemical gas [foutəkémikəl gǽs]	光化学スモッグ	
air pollution [ɛ́ər pəllù:ʃən]	大気汚染	
nuclear reactor [n(j)ú:kliər ri(:)ǽktər]	原子炉	
nuclear waste [n(j)ú:kliər wéist]	核廃棄物	
radioactivity [réidiouæktívəti]	放射能	

名詞

抽象 3

試験を受けて取得する **qualification**
クワリフィケイション

全体を小分けした一つの **segment**
セグメント

健康ドリンクに含まれている **ingredient**
イングリーディエント

人間の理解が及ぶ **scope**
スコウプ

新聞配達で新聞を配る **realm**
レルム

長い文章を手短にした **summary**
サマリィ

新聞に載った文芸書の **critique**
クリティーク

女性の男性化が急増する **tendency**
テンデンスィ

判断の尺度としての **criterion**
クライティ(ア)リオン

まったくあべこべな状態の **the contrary**
ザ カントゥレリィ

15-5

☐ **qualification** [kwὰləfəkéiʃən]	資格	免許状 資格証明書
☐ **segment** [ségmənt]	部分	区分
☐ **ingredient** [ingríːdiənt]	成分	原料 構成要素
☐ **scope** [skoup]	範囲 (理解・能力などの)	
☐ **realm** [relm]	領域 (思想・活動などの)	範囲 国土
☐ **summary** [sÁm(ə)ri]	要約	形かいつまんだ 形手短な
☐ **critique** [kritíːk]	批評 (思想・文芸などの)	評論
☐ **tendency** [téndənsi]	傾向	癖(〜する)
☐ **criterion** [kraití(ə)riən]	基準(判断の)	標準
☐ **the contrary** [ðə kántrèri]	正反対	

名詞

通貨

精巧に刷られた **forged bank note**

本物と識別できない **counterfeit bill**

外国為替取引が行われる **exchange market**

通貨交換における比率の **exchange rate**

取引決済に使う通貨の **key currency**

ドル相場が上がる **appreciation of dollars**

ドル相場が下がる **depreciation of dollars**

ドルの通貨を買う **dollar purchase**

経済の変動で上下する円の **yen quotation**

通貨当局が為替市場に介入する **coordinate intervention**

15-6

☐ **forged bank note** [fɔ́:rdʒid bǽŋk nòut]	偽造紙幣
☐ **counterfeit bill** [káuntərfit bìl]	偽札
☐ **exchange market** [ikstʃéindʒ mà:rkit]	為替市場
☐ **exchange rate** [ikstʃéindʒ rèit]	為替相場
☐ **key currency** [kí: kè:rənsi]	基軸通貨
☐ **appreciation of dollars** [əpri:ʃiéiʃən (ə)v dálərz]	ドル高
☐ **depreciation of dollars** [dipri:ʃiéiʃən (ə)v dálərz]	ドル安
☐ **dollar purchase** [dálər pá:rtʃəs]	ドル買い
☐ **yen quotation** [jén kwoutéiʃən]	円相場
☐ **coordinate intervention** [kouɔ́:rdənit ìntərvénʃən]	強調介入

345

名詞

政府 2

不協和音で生じる両国間の **friction**

自主的に抑える輸出の **self-imposed control**

豊かな国家が推進する **welfare**

国民にある国家の **sovereignty**

身分・階級に与えられた **privilege**

政治家を国外に追いやる **exile**

外国人を強制退去させる **deportation**

党から議員を脱退させる **expulsion**

所有する財産を押収する **confiscation**

受刑者の罪を軽減する **amnesty**

15-7

friction [fríkʃən]	摩擦	不和
self-imposed control [sèlf impóuzd kəntróul]	自主規制	
welfare [wélfɛ̀ər]	福祉事業	幸福 生活保護
sovereignty [sávrənti]	主権	統治権
privilege [prívəlidʒ]	特権	得点
exile [égzail]	追放(政治的理由で)	亡命 動 を追放する
deportation [dìːpɔːrtéiʃən]	国外追放	
expulsion [ikspʌ́lʃən]	除名	追放
confiscation [kùnfiskéiʃən]	没収	押収
amnesty [æmnəsti]	恩赦	特赦

形容詞

自然 2

かぐわしく漂う **floral** な香り

一面に広がる **picturesque** な花園

こころに残る **impressive** な風景

春夏秋冬と変わる **quarterly** な季節

太陽から注がれる **glaring** な光

宇宙の果てから届く **faint** な光

宇宙における **infinite** な彼方

宇宙に広がる **innumerable** な星

夜空で奏でる **marvelous** なオーロラ

自然が織りなす **ultimate** な美しさ

15-8

☐ **floral** [flɔ́:rəl]	花の	
☐ **picturesque** [pìktʃərésk]	絵のような	色彩豊かな 美しい
☐ **impressive** [imprésiv]	印象的な	強い印象を与える
☐ **quarterly** [kwɔ́:rtərli]	四季の	年に4回の 副 年に4回
☐ **glaring** [glɛ́(ə)riŋ]	ぎらぎら輝く (光などが)	まばゆい 明白な
☐ **faint** [féint]	かすかな	気が遠くなりそうな 動 失神する
☐ **infinite** [ínfənit]	無限の	果てしない 計り知れない
☐ **innumerable** [in(j)ú:m(ə)rəbl]	無数の	数えきれないほどの
☐ **marvelous** [má:rv(ə)ləs]	不思議な	驚くべき すばらしい
☐ **ultimate** [ʌ́ltəmət]	究極の	最終の 根本の

形容詞
色々な人間

声を失った **mute**(ミュート) な人間

酔いがさめた **sober**(ソウバァ) な人間

孤児院に預けられた **illegitimate**(イレヂティミト) な人間

十分な収入がある **solvent**(サルヴ(ェ)ント) な人間

自己破産した **insolvent**(インサルヴ(ェ)ント) な人間

国家試験に合格した **eligible**(エリヂブル) な人間

犯人と疑われた **innocent**(イノセント) な人間

犯罪を犯した **punishable**(パニシャブル) な人間

手足を縛られた **irresistible**(イリズィスティブル) な人間

国のために自決する **patriotic**(ペイトゥリアティク) な人間

15-9

☐ **mute** [mju:t]	口のきけない	声を出さない 無言の
☐ **sober** [sóubər]	しらふの	正気の 動の酔いをさます
☐ **illegitimate** [ìlidʒítəmit]	私生児の	違法の
☐ **solvent** [sálv(ə)nt]	支払い能力のある	名溶剤
☐ **insolvent** [insálv(ə)nt]	支払い能力のない	
☐ **eligible** [élidʒəbl]	資格のある	適任の 選ばれるにふさわしい
☐ **innocent** [ínəsənt]	無罪の	害のない 無垢な
☐ **punishable** [pʌ́niʃəbl]	罰すべき	罰しうる
☐ **irresistible** [ìrizístəbl]	抵抗できない	抑えられない 打ち勝てない
☐ **patriotic** [pèitriátik]	愛国心の強い	愛国の 愛国的な

形容詞

国

他国に戦争を挑発する **militant**(ミリタント) な国家

政府が国民を弾圧する **oppressive**(オプレスィヴ) な国家

国民の自由が認められた **democratic**(デモクラティク) な国家

クーデターでできた **provisional**(プロヴィジョナル) な政府

保守主義を批判する **innovative**(イノウヴェイティヴ) な政治

貿易摩擦における **bilateral**(バイラテラル) な協議

アメリカにおける **federal**(フェデラル) な捜査局

議会における **unanimous**(ユ(ー)ナニマス) な決議

選挙における **overwhelming**(オウヴァ(フ)ウェルミング) な勝利

大統領による **inaugural**(イノーギュラル) な挨拶

352

15-10

☐ **militant** [mílət(ə)nt]	戦闘的な	好戦的な 闘争的な
☐ **oppressive** [əprésiv]	圧制的な	過酷な 暴虐な
☐ **democratic** [dèməkrǽtik]	民主主義の	
☐ **provisional** [prəvíʒ(ə)nəl]	暫定的な	一時の 仮の
☐ **innovative** [ínouvèitiv]	革新的な	
☐ **bilateral** [bailǽt(ə)rəl]	二国間の	左右の 両側の
☐ **federal** [féd(ə)rəl]	連邦の	
☐ **unanimous** [ju(:)nǽnəməs]	満場一致の	全員異議のない
☐ **overwhelming** [òuvər(h)wélmiŋ]	圧倒的な	
☐ **inaugural** [inɔ́:g(j)urəl]	就任の	

ヤバいくらい覚えられる
速習の英単語 1500 実践編

著　者	リック西尾
発行者	真船美保子
発行所	KKロングセラーズ
	東京都新宿区高田馬場 2-1-2　〒169-0075
	電話（03）3204-5161（代）　振替 00120-7-145737
	http://www.kklong.co.jp
印　刷	中央精版印刷(株)　製　本　(株)難波製本

落丁・乱丁はお取り替えいたします。
※定価と発行日はカバーに表示してあります。
ISBN978-4-8454-5069-5　C0282　　Printed In Japan 2018